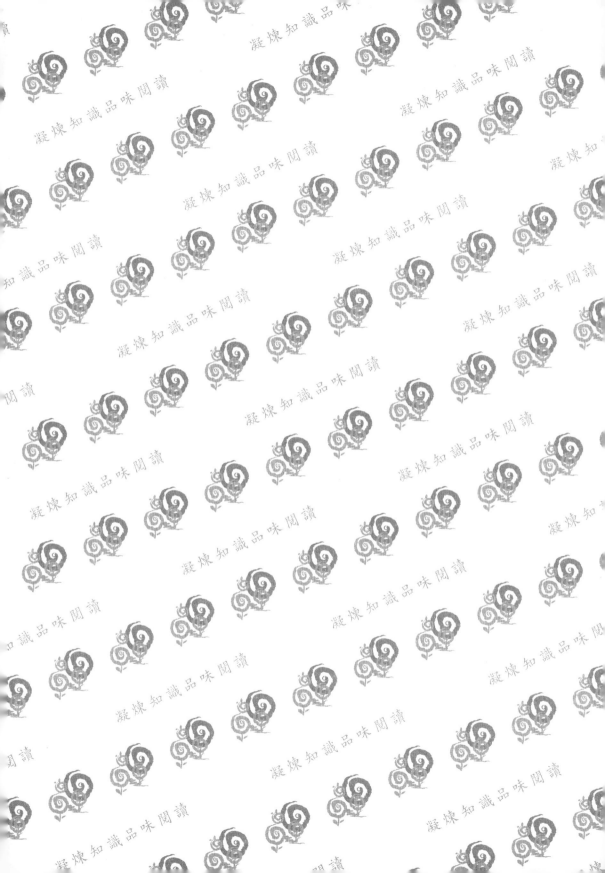

換個方式讀《論語》

——經典閱讀、思辨從這裡開始

馬行誼／著

五南圖書出版公司 印行

自序

先聲明，孔老夫子是我的偶像之一，對他的敬仰之情自然不在話下。所以我也非常感謝把他介紹給我的《論語》，否則任憑後世儒生怎麼吹捧，沒有文獻對照，總是難以令人完全相信。

既然如此，為什麼我在本書中對《論語》有那麼多的質疑呢？憑良心講，我主要是受到西漢思想家王充的啟發。王充的《論衡》中有一篇叫〈問孔〉的，內容是根據《論語》的記載，提出一連串對孔子的質疑，十分精彩，讓我閱讀時拍案叫絕，非常佩服。

但我細讀《論語》之後，卻發現王充質疑的對象好像錯了，我認為他不該質疑孔子，而是該質疑《論語》的編寫者。

為什麼我敢這樣說呢？因為王充是針對《論語》中的某一單篇評論的，如果他和我一樣，對照《論語》中其他相關的記載，將不難發現書中的內容往往相互矛盾。孔子只有一個人，書中的記載卻相互矛盾，您說錯的可能是誰呢？

除了王充之外，某些對《論語》或孔子的誇張評論，則是讓我湧起想要一探究竟的衝動。《論語》這麼好嗎？好在哪裡？歌功頌德的太多，反而容易掩蓋真相，還好現在不是科舉時代，我們對《論語》可以持平一點考察。

《論語》或孔子真的不好嗎？為什麼不好？中華文明歷經幾千年而不墜，儒家的安定力量功不可沒，是非功過，我也想找出自己的答案。

譬如宋代的趙普曾對太祖趙匡胤說：「《論語》一冊，一半可用來助君打天下，一半可用來助君治天下。」。在趙普的眼中，《論語》根本就是文武安邦的利器，真是神奇！可是我愚鈍，看了幾次《論語》，都找不到「打天下」的敘述在哪裡，「治天下」應該很多，但《論語》中講的是政治哲學，具體政務則應另有講究，只拿《論語》來「治天下」的話，恐怕過於疏闊。

黑格爾讀了《論語》之後則批評道：「我們看到孔子和他的弟子們的談話（即《論語》），裡面所講的是一種常識道德，這種常識道德我們在哪裡都找得到，在哪一個民族裡都找得到，可能還要好些，這是毫無出色之處的東西。孔子只是一個實際的世間智者，在他那裡思辨的哲學是一點也沒有的——至於一些善良的、老練的、道德的教訓，從裡面我們不能獲得什麼特殊的東西。西塞羅留下給我們的《政治義務論》便是一本道德教訓的書，比孔子的書內容豐富，而且更好。」

相較於趙普，黑格爾的批評更有趣，孔子的時代是公元前五世紀，那時的思想本來就多是常識道德呀！佛陀和蘇格拉底講的不就是這些嗎？「思辨哲學」是後來才發展出來的，因為直到亞里斯多德，他還堅持男人的牙齒比女人多、女人則是長壞了的男人……，這算是「思辨哲學」嗎？而且羅馬凱撒大帝時期的西塞羅，大概活躍於公元前一世紀左右，拿他的思想和孔子相比，足足差了近四百年，這不就是典型的張飛打岳飛嗎？您覺得這樣的評論能算公允嗎？

一提到《論語》，大家總是歌功頌德的，從古至今都是如此，我每每到圖書館查詢相關書目，多無例外。這突顯了一個現象，《論語》之中的確有許多真知灼見，世世代代的中國人從中汲取養分，藉以在大千世界中安身立命、治國平天下，活出屬於自己的精彩人生。

如果我想加入《論語》詮釋者的行列之中，我能做些什麼呢？歌功頌德就算了，我絕對沒法比前輩們更優秀，不必自取其辱，或只是做個永遠跟著前人腳步的追隨者，我不想湊這個熱鬧。或許，目前大學院校老師的身分，就是我最好的起點，我想給學生們不一樣的東西。

在系上教授「中國思想史」和「儒家名著選讀」兩門課，我常常在課堂上告訴學生，咱們學思想的目的，不只在於知道過去有哪些思想，拿來順利通過考試、取得學分，重要的是藉機訓練自己的思辨能力，而且最好以能建構出自己的思想為目標，一輩子受用無窮。

我不斷宣說思維訓練的機會難得，日常生活中這個機會不多，未來出了社會，汲汲營營的，更沒機會了。由於我系是語文教育學系，旨在培養語文教學的人才，思想類的課程極少，所以我才會這樣鼓勵我的學生們。

很明顯的，《論語》是最好的選擇，學生們從小學就耳熟能詳（讀過經的更棒），高中時更有「中國文化基本教材」的選修課，《論語》始終是必選書目之一，拿很熟的書籍來練習思辨，必然會事半功倍的。

這就夠了嗎？當然不夠，我得示範給學生們看，不能空談，具體地操作一下諸如怎麼尋找論題、怎麼分析材料、怎麼論述疑點、怎麼鋪陳論證、怎麼形成結論等技巧，所以就有本書的問世。

為了達到我所設定訓練學生思辨能力的目的，本書的論述原則包括：

1. 書中所有的討論主題，全部來自於《論語》的內容，絕對不會為了突顯《論語》的非凡，一開始就拿它去硬湊某些書外的時興、熱門議題。
2. 本書內容堅持以《論語》論《論語》，盡量少用《論語》以外的說法旁證，歷代的注解和著作更是罕見，否則容易陷入注釋孰優孰劣的爭論之中。
3. 討論《論語》的可疑之處後，我通常會加以引申，連結到類似的情境或現代的生活之中，那些純粹是個人感發，提供讀者參考而已。

4.本書的論述邏輯，乃是採用拙著《湖心投石閱讀教學模式的實務》一書的閱讀思辨法，既深入《論語》的內容，又延伸到書外的世界。過程中採用了判斷、評論、連結與聯想、比較與對照、推論與創造等思維方式。

5.讀完我對《論語》的質疑之後，讀者當然可以對我的質疑加以質疑，卻得和我一樣，先找出質疑我的依據，而且是出自《論語》的內容之中，惟有如此，才算真正的具備思辨能力。

當然，這本書雖然是我的上課用書，也希望和廣大《論語》的同好分享研究所得。曾有朋友好心的提醒我：「你這樣批評經典好嗎？小心被罵得狗血淋頭。」的確，我相信這本書的內容的確會引起某些人的不快，但正如孟子說的「盡信書不如無書」，難道因為是《論語》，就不能碰了？當然不是。

顧頡剛先生曾說過一段話，更讓我覺得信心滿滿，他說：「我們的讀書，是要借了書本上的記載，尋出一條求知識的路，並不是要請書本管我們的思想，所以讀書的時候要隨處生疑。換句話說，就是讀書的時候要隨處會用自己的思想去批評它。」沒錯！我們讀《論語》的目的，是要讀出我們自己的《論語》，既然如此，《論語》不能管著我，我卻可以從《論語》中重塑全新的我。

即便如此，這本書是我的一個全新的嘗試，由於個人的學力所限，疏漏之處一定很多，期待各方鴻儒不吝賜教。也希望透過本書，能對國學教育的普及，貢獻自己一些微薄的心力。

馬行誼 謹誌

二〇一九年十二月

目錄

第6章 孔門的學問該有更多吧！ 191

第1章

倫理道德真的很難懂嗎？

1. 為什麼孔子總是問個不停？

讀過《論語》之後，大概沒有人會否認孔子是個飽學之士，尤其從他對禮樂內涵的分析和評論，更證明他是禮樂制度的專家無疑。但是《論語》中卻出現一段讓人無法理解的紀錄：孔子進入魯國太廟後問個不停？

原文是這樣的：孔子進入魯國太廟之後，每件事都詢問，有人就不以爲然的說：「誰說孔子是個懂禮的人？進入太廟之後，竟然事事都詢問。」孔子聽到這種批評之後，還認眞的回答道：「這才是眞正的禮啊！」①

憑良心講，如果我們活在當下的時空裡，看到號稱禮樂專家的孔子變得反常，進入魯國太廟後，竟像個傻子一樣每件事問個不停，雖然不至於馬上批評他，按照常理，有些質疑總是難免的，他到底是不是個浪得虛名的專家啊！

① 子入太廟，每事問。或曰：「孰謂鄹人之子知禮乎？入太廟，每事問。」子聞之曰：「是禮也。」（《論語・八佾》）

畢竟，我們常識裡都是有疑才問、不懂才問，如果都已經懂了，何必問個不停？除非這個「問」的動作本身另有深意，否則就是個草包。

更有趣的是，孔子聽到別人的批評後，竟然回一句「這才是眞正的禮啊」，就因爲這句話，引發不同的聯想。是對魯國太廟已有禮樂制度的讚嘆嗎？畢竟那裡有和周王室同等級的排場；還是對人們質疑自己行爲的辯駁？聲明我這種行爲本身就是有禮貌的；更或是透過他的詢問行爲，發現禮的不同涵義呢？我問的問題是與眾不同的……。

很慚愧，我讀到這段記載時，是比較偏向質疑者的立場的。但思考孔子的回答後，我有點責怪孔子答非所問的反應，尤其看到歷代注解強調孔子挾知而問，乃是給大家示範一種有禮貌的舉止，我生氣了。因爲在這種說法下，彷彿孔子的「入太廟，每事問」只是個表演，讓大家有個模仿的對象而已，毫無深義，我實在難以接受這麼淺薄的孔子。

還有另一種觀點也是我難以妥協的。有人認爲孔子之所以每事問，實在是想把理論與實務相結合，也就是透過詢問，把書中所知的和實際的禮樂表現連結起來，問問題只是爲了確認已經知道的知識。

或許這種解釋比起把孔子當成愛表演的人好些，但問題來了，如果孔子是做學術研究來的，何必「每事問」呢？如果是挾知而問，批評的人怎會質疑他的知禮而問呢？顯然孔子問的不是已知和實務結合的問題。

更關鍵的是，孔子的回答「是禮也」，根本不像在解釋自己試圖實務印證理論。換言之，如果我們接受孔子的「每事問」只是將已知與實務相結合，那麼他的回答是不是改成「是學也」或「是習也」更合適些？也就是說，孔子應該對質疑他行爲的人回答：「這是一種學習」、「我正在學以致用」或「這是種禮樂的實習」之類的話吧！

那麼到底是什麼原因呢？依據我的淺見，孔子「入太廟，每事問」的關鍵，不在於他有沒有發問，而在於問了什麼樣的問題。如果他只是問了表面的問題、印證的問題，諸如這是什麼禮、那是什麼樂的，就的確不是一位專家該問的。至於爲了示範有禮貌的行爲而問，顯然不是孔子會去做的事。

如果孔子問的是有關禮樂的深層性問題，一切就合理了。什麼是深層性問題呢？就是禮樂的背後涵義，而不是表面的行爲而已。事實上，人們對禮樂有屬於自己的感受，講到禮樂的背後涵義時，更是人言言殊，各有屬於自己的理解，所以孔子當然要「每事問」，甚至要特別詢問人們對禮制的特殊解讀。

因此，批評孔子知禮卻每事問的人，顯然不知道孔子的問題爲何，所以只能在他提問的行爲上做文章，如今知道孔子的用心後，他「是禮也」的回應，便可翻譯爲「大家誤會了，我問的是禮的涵義和精神啦！」

我這樣的解讀並非毫無依據的，孔子就曾經明言：「禮啊禮啊，難道只有玉器和錦帛嗎？樂啊樂啊，難道只有鐘鼓的樂音嗎？」②，如果孔子只在意禮

---

② 子曰：「禮云禮云，玉帛云乎哉？樂云樂云，鐘鼓云乎哉？」（《論語・陽貨》）

樂的外在表現，他怎會發出這樣的感嘆呢？作爲一位思想家，他更進一步思考禮樂的內在精神是「仁心」，所以他說：「一個人沒有仁心，就算他知禮行禮又如何？一個人沒有仁心，就算他知樂奏樂又如何？」③

《荀子．宥坐》記載，有次孔子帶著學生到魯桓公的宗廟參觀，發現了一個傾斜的盛水器皿（「欹器」）。孔子向守廟的人問：「這是什麼器皿？」守廟人說：「這是放在座位旁，用來勸戒行爲的器皿。」孔子說：「我聽說放在座位旁用來勸戒的器皿，空了便傾斜，注水適中就端正，如果水太滿了就傾倒。英明的君主把它當作很好的借鑑，所以常常放在座位的旁邊。」回頭看著弟子說：「注水進去試試看。」一位弟子就把水注入，水位適中時器皿端正，太滿就傾覆了。

孔子看了嘆息道：「天下一切事物哪有注滿了卻不傾覆的道理呢？」子路問：「有維持滿皿而不傾覆的方法嗎？」孔子回答：「聰明睿智，卻以愚笨自處；功蓋天下，卻退讓不居功；勇猛過人，卻表現怯懦；富貴至極，卻以謙虛待人，這就是注水卻減損不滿溢的方法啊！」④

③子曰：「人而不仁，如禮何？人而不仁，如樂何？」（《論語．八佾》）

④孔子觀於魯桓公之廟，有欹器焉，孔子問於守廟者曰：「此為何器？」廟者曰：「此蓋為宥坐之器。」孔子曰：「吾聞宥坐之器者，虛則欹，中則正，滿則覆。」孔子顧謂弟子曰：「注水焉。」弟子挹水而注之。中而正，滿而覆，虛而欹，孔子喟然而嘆曰：「吁！惡有滿而不覆者哉！」子路曰：「敢問持滿有道乎？」孔子曰：「聰明聖知，守之以愚；

平心而論，荀子已經有雜家化的傾向，所以他眼中的孔子已經偏向道家人格了。但是，這段紀錄倒是可以證明孔子不停留在禮樂制度的表面，而是深入到它背後的精神和內涵了。

如果只是執著於禮樂的表面，孔子充其量不過是位禮樂學家，但他深入禮樂的內在精神，並建立一套理論，所以他已經昇華到思想家，而且憑藉這套理論爲中華民族建立了文化根基，這正是他的偉大之處。

因此，「入太廟，每事問」可視爲孔子建立思想體系的重要憑藉，他傲視萬代的「仁學」，或許正是由於不厭煩的問人們禮樂的涵義，逐漸累積醞釀，最終萌發頓悟而來的。如果我們只把它解讀成孔子的道德表演，或者是爲了印證理論的鄉野調查，豈不是辱沒了他老人家的努力？！

功被天下，守之以讓；勇力撫世，守之以怯，富有四海，守之以謙：此所謂挹而損之之道也」（《荀子．宥坐》）

2.「言必信、行必果」不好嗎？

日常生活中，想要遇到一、兩個守信重諾、說到做到的人不容易，我們除了滿心敬佩，希望能和他結交成爲摯友之外，恐怕大多數人和我一樣，理所當然地認爲他們就是儒家思想的代言人吧！

事實上也是如此，《論語》中有不少這樣的記載，比如孔子說：「一個人如果沒有信用，不知道還能做什麼？就像大車沒有兩轅中的橫木，小車沒有扣緊衡木的掛鉤，車子怎麼走得了呢？」⑤這麼形象的比喻，眞是妙極！從這裡我們就看得出孔子對誠信的重視了。

話說子張問孔子行爲的準則，孔子回答：「說話重誠信，行爲篤實可靠，即使到了野蠻地區也暢行無阻。說話無誠信，行爲乖張無恥，就算是在

⑤ 子曰：「人而無信，不知其可也。大車無輗，小車無軏，其何以行之哉？」（《論語．為政》）

鬧市之中，能被人認可嗎？站著的時候，這些理念就像矗立於眼前；在車裡面，就像斜靠在車衡上。惟有如此，才能行走穩當。」⑥如果上一種說法是對個人德行的要求，這裡便是人群社會中與人互動交流的原則，而且談的是言與行的結合，更是意義非凡。

依據儒家的道德哲學，個人的德行推而廣之，就是國家的德政，所以「誠信」這麼重要的項目，自然不會例外。子貢問施政之事，孔子回答：「糧食充足，軍隊強大，人民信任政府。」子貢再問：「如果沒辦法三者同時完成，必不得已哪一個可以先去掉？」孔子答：「軍隊那部分。」子貢又問：「如果還是沒辦法剩下兩者同時完成，必不得已哪一個可以先去掉？」孔子答：「糧食。自古以來人都會死，但如果沒有人民信任，國家就會滅亡。」⑦

國家施政是不是要不顧一切謹守誠信，我們在另外的主題中再討論，但此處可以明顯看出，「誠信」是政府施政的最高原則。

⑥ 子張問行。子曰：「言忠信，行篤敬，雖蠻貊之邦行矣；言不忠信，行不篤敬，雖州里行乎哉？立，則見其參於前也；在輿，則見其倚於衡也。夫然後行。」（《論語．衛靈公》）

⑦ 子貢問政。子曰：「足食，足兵，民信之矣。」子貢曰：「必不得已而去，於斯三者何先？」曰：「去兵。」子貢曰：「必不得已而去，於斯二者何先？」曰：「去食。自古皆有死，民無信不立。」（《論語．顏淵》）

既然如此，《論語》中卻有一段記載是子貢請教孔子：「怎麼做才算一個士呢？」孔子答：「做事有原則，出使到國外時，不辜負君主的任命，就可以稱之爲士了。」子貢問：「那次一等的呢？」孔子答：「同宗族的人都稱讚他孝順，同家鄉的人都說他是個好孩子。」子貢問：「再次一等的話呢？」孔子答：「說到做到，行爲果決，冥頑固執的像個小人，但仍然可以說是最末一等的士了。」子貢再問：「現在的政治人物如何？」孔子回答：「哼！氣量狹小的人，有什麼好說的。」⑧

從這段看來，即使「士」只是當時的一個社會階層，但孔子心中最優質的「士」是事功型的，其次是倫理道德型的，大家看起來的堅決衛道者（「言必信，行必果」），反而是最末等的。

莫非衛道不正確嗎？當然沒錯，但問題就出在那「必」字上，就因爲「必」字，看似衛道的君子就變成冥頑固執的小人。孔子主張杜絕四種常見的錯誤：「不隨便臆斷、不冥頑固執、不堅持己見、不自我中心」⑨，「言必信，行必果」的人，往往不自覺地犯了這些錯誤，還認爲自己是舉世皆濁我獨

⑧ 子貢問曰：「何如斯可謂之士矣？」子曰：「行己有恥，使於四方，不辱君命，可謂士矣。」曰：「敢問其次。」曰：「宗族稱孝焉，鄉黨稱弟焉。」曰：「敢問其次。」曰：「言必信，行必果，硜硜然小人哉！抑亦可以為次矣。」曰：「今之從政者何如？」子曰：「噫！斗筲之人，何足算也。」（《論語．子路》）

⑨ 子絕四：毋意，毋必，毋固，毋我。（《論語．子罕》）

清、出淤泥而不染的聖人呢。

孔子的這個說法得到孟子的呼應，他說：「作爲一位有大氣度的人，說出的話不必信守，做出的行爲不必果決，完全依據義的標準取捨才行。」⑩孟子口中的「大人」是否就是「君子」的另一種說法，或是更高的等級，我們姑且不論，但孟子的確贊成「言不必信，行不必果」。

所謂的「不必」並不是說話可以不守信用，行爲隨隨便便，而是容許在特殊的狀況下不遵守這個原則，卻仍然要堅守「義」的信仰。但「義」是什麼，我們將在另外的主題詳述之。

歷史上爲了某些目的不得不毀壞承諾，既定的行爲突然改變的例子太多了，我不打算多舉史證，反而想考察一下孔子自己，是不是曾經有過這樣的行爲表現呢？幸好，《史記・孔子世家》中就有一段相關的紀錄。

話說孔子一行人經過蒲邑，剛好公叔氏占領蒲邑造反，蒲人就扣留孔子一行人。孔子弟子中有位叫公良孺的，帶著自己私有的五輛車跟隨孔子，他這個人身材高大、德行高尚，而且頗有武勇。他告訴孔子說：「我以前跟隨夫子在匡地遇到危難，現在又遇到了，難道這是天命嗎？這次遭到危難，寧願戰鬥而死，不願屈服。」

由於公良孺的奮戰，蒲人恐懼，便對孔子說：「只要你不去衛國，我們就

⑩ 孟子曰：「大人者，言不必信，行不必果，惟義所在。」（《孟子・離婁下》）

讓你離開。」事後還鄭重相約盟誓，孔子便從東門離開蒲邑。不久，孔子一行人到達衛國，子貢問：「我們來到衛國，不就違反了與蒲人的誓約嗎？」孔子回答：「被威脅之下的盟誓，連神明都不會遵守。」⑪

蒲人造反，又用武力威脅，本來就是不義的行爲，孔子不得已與之盟誓，事後何必遵守？更何況接下來去衛國，孔子是爲了推廣仁政，實屬義舉，拘泥於莫名其妙的盟誓而止步不前，才是迂腐至極，所以我認爲孔子的決定完全沒有問題，他是位通達的人。

反觀後世的儒者，空談心性、侈言道德，爲了自己的虛名，不知權衡利弊得失，葬送國家社稷的發展，愧爲孔子信徒。尤其明清兩代的儒者，拘泥所謂的聖人教化，昧於時局，不知權變，或空談心性、醉心黨爭；或以天朝自居、狂妄自大，不僅斷送大好江山，甚至幾乎斷絕了幾千年的中華文明，孔子如果地下有知，應該會大加斥責這些敗類。

此外，孔子也示範了待人處世的原則，倫理道德的確是人的言行準則，但絕非一成不變，我們時時刻刻都面臨許多選擇，如果死守著某個準則，不知權

⑪ 過蒲，會公叔氏以蒲畔，蒲人止孔子。弟子有公良孺者，以私車五乘從孔子。其為人長賢，有勇力，謂曰：「吾昔從夫子遇難於匡，今又遇難於此，命也已。吾與夫子再罹難，寧鬥而死。」鬥甚疾。蒲人懼，謂孔子曰：「苟毋適衛，吾出子。」與之盟，出孔子東門。孔子遂適衛。子貢曰：「盟可負耶？」孔子曰：「要盟也，神不聽。」（《史記・孔子世家》）

衡改變，還不如一開始就不要建立束縛人的準則，這是孔子的原意。

很遺憾的，後世的讀書人不知變通，拿著雞毛當令箭，固執的嚴守道德科條，最終導致儒家「禮教殺人」的惡名。

同樣的，我們讀《論語》時千萬不要執著於內容，把書中的一切當成理所當然，反而應該更積極的深入文本之中，找出問題，與現代的生活相結合，我們才能眞的找到儒學的眞精神。畢竟，就算把《論語》整本都背起來，不過是個兩腳書櫥罷了，書中道理得到眞切的應用，才是我們最關心的。

3. 正直的人不會大義滅親嗎？

我們現代很多觀念是來自於西方，尤其是關乎民主政治和自然科學，民初稱之爲「德先生」（譯自Democracy開頭）和「賽先生」（譯自Science開頭），非常有趣。當時人相信，接受這兩方面的知識是國家現代化的必經歷程。然而這些知識並不是中華文化固有的，即使一百多年來我們慢慢接受了，已成爲生活中根深柢固的信念，但它們仍是舶來品，即使再好，如今拿這些觀念回來檢視古代的東西，當然會覺得格格不入了。

儘管如此，我得聲明古代的東西未必就不好，與現代大相逕庭的未必落後。學習古代思想的基本心態要先理解，而不是急著排斥，我們可以提出一些批評意見，但前提是經過充分的理解和體會之後的。

《論語》有一段記載常引發爭議。葉公告訴孔子說：「我的家鄉有位言行正直的人，他的父親偷羊，作爲兒子的他就去舉報自己的父親。」孔子說：「我家鄉正直的人不是這樣的。父親爲兒子隱瞞，兒子爲父親隱瞞，正直就在相互隱瞞的行爲中了。」⑫

有人看到這段話，便急匆匆的批評孔子沒有法治觀念，法律之前人人平等，人們對犯罪者應該嫉惡如仇，怎麼能因爲罪犯是自己的至親，就幫他隱瞞罪行呢？這種人反而應該罪加一等，孔子是公然鼓勵藏匿罪犯的行爲。是這樣的嗎？或許該好好推敲一番。

首先，我們先來了解一下「直者」的意思。毫無疑問的，「直者」就是正直的人，面對這種一板一眼，不與相對勢力妥協的人，人們通常在意的是他不願苟同的性格和行動，卻沒注意到他們的信仰是什麼。

比如說素食主義的「直者」，通常不與環境妥協，即使一點葷腥也不沾，如果沒有素食，寧可挨餓也不願屈就。葷食主義的「直者」剛好相反，努力鼓吹葷食的好處、素食的不足，如果吃飯沒有見到肉，馬上就翻臉了。

因此，你能說堅持素食的是正直的人，貫徹葷食的人就不算是了嗎？或許你會說正直是指道德實踐，拿素食和葷食主義者舉例不像話。那麼如果拿資本主義和共產主義比、唯心主義和唯物主義比，基督教和佛教思想比……，人們各自堅持自己的信仰，在言行上始終如一，不也是各自陣營的「直者」嗎？這也是孔子所謂「吾黨之直者異於是」的原因，他和葉公的「直者」，所信奉的

---

⑫ 葉公語孔子曰：「吾黨有直躬者，其父攘羊，而子證之。孔子曰：吾黨之直者異於是。父為子隱，子為父隱，直在其中矣。」（《論語．子路》）

眞理顯然有所不同。

我之所以先強調這點，主要是人們可能想到正直的人就該大義滅親，無庸置疑，其實那是根據西方的法治觀點，葉公站在執政者的立場，想要更有效的管理群眾，所以與西方思想比較接近，實不為過。但是如果渾然不知孔子的「父爲子隱、子爲父隱」依據的是另一種思想，與西方現代的觀點沒有直接關係，這時的「直者」還是做出大義滅親的行爲的話，反而很奇怪了。

在儒家的倫理道德思想下，一個人的倫理分位決定他該做什麼、不該做什麼。做該做的事是善，做不該做的事是惡，所以父子之間的對應關係很明確，父慈子孝。信仰這個思想的人，一旦成爲堅持倫理道德信念的「直者」，怎能接受慈祥的父親去舉發自己的孩子，孝順的孩子去舉發自己的父親？至於犯不犯罪，那是第二層該思考的事，卻不能凌駕基本的倫理思維，所以任何人都可以去告密舉發，父子之間就是不行。

現代的法律則不同，它只考慮犯罪行爲對社會的危害，有誰膽敢犯罪，就得付出代價。舉發罪犯是爲了促進社會的和諧，當然值得鼓勵，所以堅持公平正義信念的「直者」，當然讚許父親偷羊，兒子去舉發的行爲了。

難道不考慮倫理道德嗎？那是另一個層面該思考的事。如果是父子相挺，法律自有額外考量，卻不能凌駕整個社會的最大福祉，所以誰都可以去舉發罪犯，父子之間也沒問題，因爲他們都是社會的成員，有促進社會和諧的責任。

正因爲孔子「父爲子隱」的主張，後世的法律對隱匿親屬犯罪不舉發者，不是無罪就是酌情減輕刑責。譬如春秋之後，就連崇尚法家的秦律也有類似的條文，獨尊儒術的漢朝更是不在話下。歷朝歷代都留下了這個傳統，甚至到了民初，刑法中也有對「父爲子隱」酌量減刑的規定，由此可見一斑。

爲不爲自己的親人隱瞞罪刑，其實也是人性的大考驗，怎麼抉擇始終是一大難題，古今中外都是這樣的。美國的巴爾傑兄弟出身南波斯頓貧民區，家中有九個兄弟姊妹。弟弟威廉努力向學，後來取得波大法學博士，進入政壇，成爲麻州參議院主席（一九七八—一九九六），後來擔任麻州大學校長。

哥哥詹姆斯中學沒畢業，成爲街頭混混，綽號「白面」，後來因爲搶銀行，在聯邦監獄關幾年後，成爲「冬山幫」頭目，繼續從事非法活動。一九九五年被控十九項謀殺罪，是CIA十大通緝犯之一。他們兄弟偶爾聯絡，即使各方威脅利誘，當大學校長的弟弟堅持說他不知道哥哥去處，但最後在輿論下，於二〇〇三年辭去大學校長一職。

另一個相反的例子也是在美國，有個「大學炸彈客」以科學家和學院人士爲目標，製造一系列包裹炸彈，造成三死二十三傷。爲了解釋自己的行爲，他在網站上發表三千五百字的反科技宣言，宣稱只要《紐約時報》和《華盛頓郵報》全文刊登，他就停止恐怖攻擊，後來如願。

四十六歲的大衛．卡辛斯基是紐約州斯克內克的社工，他讀宣言時感到熟悉，其中的措辭和意見很像五十四歲的哥哥泰德。泰德是哈佛出身的數學家，隱居後，大衛十年沒見過他。大衛掙扎很久，終於在一九九六年告知CIA，十七年後泰德落網，泰德一直不認弟弟，說他是猶大，大衛則一再奔走使其兄免死，又把報案獎金捐給受難者家屬。⑬

這兩種迴然不同的選擇，不管基於什麼理由，都付出了代價，威廉收穫了親情，卻失去了社會的認同；大衛維持了社會正義，卻可能永遠失去了親情。如果哪天發生在眼前，您會選擇哪一種呢？爲什麼您會這麼選擇呢？不管您的決定是什麼，勢必有得有失，所以能支撐您的，或許不能是很難權衡的得失，而是您所堅守的信念是什麼了吧！能堅持就是孔子所謂的「直」，只有這樣才能心安理得，得失反而不是重點了。

您可能懷疑，像大衛那樣地選擇告發，怎麼能算是「直」呢？當然是，大衛把維持社會正義當信念，甚至超過兄弟之情，這份堅持絕對是「直」的品格，只不過和孔子心中的「直」不一樣。很明顯的，孔子是把倫理道德放在社會正義之前，作爲判斷一個人「直」不「直」的標準。簡單的說，孔子的選擇接近威廉，大衛則是葉公「其父攘羊，而子證之」的代言人罷了。

⑬ 上述兩個例子都是摘自邁可・桑德爾《正義，一場思辨之旅》書中的內容（民一〇〇，臺北市：雅言文化）

4.「己所不欲，勿施於人」合理嗎？

子貢問孔子：「有一個可以拿來終身奉行的字嗎？」孔子回答：「那就是『恕』吧！自己不想要的，不能強加給別人。」[14]可以拿來終身奉行，足見「恕」字的分量，尤其在儒家宗師孔子的口中說出來，更是意義非凡。

「己所不欲，勿施於人」的衍生句就是「己所欲，施於人」，你自己不想要的，別推給別人；如果你覺得好的，就該懂得分享。南宋的朱熹解釋得好，「己所不欲，勿施於人」其實就是「推己及人」，用現在的話說，便是要有「將心比心」的能力。

孔子的意思是，如果人們都能「將心比心」，不僅完成個人的修養功課，許多道德實踐就不再是空談，人與人之間的關係也將變得更和諧，事實也是如此。然而，這可能必須有個前提，那就是所謂的「人同此心，心同此

⑭ 子貢問曰：「有一言而可以終身行之者乎？子曰：其恕乎！己所不欲，勿施於人。」（《論語・衛靈公》）

理」，人都有這個心，心裡面裝著同樣的觀念。換句話說，大家對行爲的規準、善惡的判定都得有一致的看法才行，沒有的話，一切免談。

孟子再把這個共通性深化，爲「推己及人」建立理論基礎。他告訴我們，人和禽獸的差異處不多，只有君子才懂得把那些微的差異保留下來，是什麼呢？孟子回答是「仁」、「義」、「禮」、「智」四個善端。這四個人類都具備的行善起點、傾向和動力，在日常生活中就變成「不忍他人受害的心理」、「堅持公平正義的心理」、「貫徹謙虛退讓的心理」、「明辨是非眞理的心理」等四個理念。

請注意！孟子說這四個善端、四種心理是所有人都具備的，無一例外，如果看到異常的表現，甚至是罪惡的行爲，不過是被暫時蒙蔽了而已，接受教化後便能改過來。正因爲大家相同的思考背景，所以「推己及人」才有效，尤其是道德層面的東西，如果沒有相同的背景，你有你的道德，我有我的道德，「推己及人」還能成立嗎？

說到這裡，我想強調一下「推己及人」不是「同理心」，更談不上是「同情心」。「同理心」強調站在別人的立場，理解別人的言行動機，所以自己的主觀判斷要先放一邊。「推己及人」剛好相反，由於已經假定人們的想法一致，所以我怎麼想，別人一定這麼想，用自己的想法就可推知別人的心理了。

「同情心」是出自於自己的感受沒錯，卻沒想推知對方的心理，而是根據對方的狀況決定自己的情感、行動。這麼一來，「同理心」刻意隱藏了自己，「同情心」不在乎對方想法，「推己及人」雖然同時保存了人我雙方，卻是用自己取代了對方，並堅信自己的推斷絕無差錯。

我認爲，先假定人們有相同的思想背景，再以自己的立場推論他人的心理，甚至直接做出施受的行爲，有時的確可行，有時卻會造成意想不到的惡果。爲什麼會造成惡果呢？原因有二：一是忽略個別差異後的不尊重感；一是強迫接受或放棄後的威權感。進而言之，如果涉及到國家利益、主流文化或極端行爲時，「推己及人」的思考方式反而將造成更大的危害。

我不喜歡家門口有垃圾，所以不會把垃圾掃到鄰居那邊，因爲我知道他也不喜歡；我希望考試得高分，所以願意分享應考資訊給同學，因爲我知道他們也希望考高分。這樣的例子最能說明孔子「己所不欲，勿施於人」，或是「己所欲，施於人」的苦心吧！然而，這適用於所有的情況嗎？

比如我自己不喜歡吃魚，家裡就絕不出現魚的料理，因爲我知道家人一定不吃魚；我認爲資訊業最賺錢，所以要求孩子選擇科系時不能錯過，因爲我知道孩子的想法和我一樣。這兩例也是「己所不欲，勿施於人」、「己所欲，施於人」的典型作法，但這是對的嗎？

萬一家人喜歡吃魚呢？（我不吃魚，母親卻酷愛吃魚），只憑自己喜好決定就是不尊重他人。萬一孩子不喜歡理科，或者是不喜歡資訊呢？他們有自己的興趣和想法，當家長以自己的判斷幫他們做決定，不正是一種壓迫孩子的威權作法嗎？這時「推己及人」可不是個令人讚賞的行爲。

在某些兩難的抉擇時，順了「姑」情，難免就逆了「嫂」意，莫非「姑」特別重要，「嫂」就注定被犧牲嗎？孔子的「推己及人」可沒有對象性的。譬如二戰時，美國在日本的廣島、長崎投下原子彈，日本因而無條件投降，同盟國的成員固然歡欣鼓舞，提早脫離了苦難，難道直接間接傷亡的二十五萬日本人也同意嗎？他們大部分可不是戰鬥人員啊！

而二戰時日軍所蹂躪的，又何嘗不是千千萬萬的非戰鬥人員呢？日軍的「己所不欲，施於人」發動了戰爭，固然可惡，相對的，美軍的「己所不欲，施於人」卻終止了戰爭，您能說他們錯了嗎？

現況很複雜，有時反而該「己所不欲，施於人」，因為「我之毒藥，彼之蜜糖」；有時注定「己所欲，勿施於人」，因為「我之蜜糖，彼之毒藥」，完全視情況調整。一味的以自己的眼光看世界，妄加推斷，難免錯失眞相，反而讓善心蒙塵，愛之適足以害之。

那就順其自然，不加干預，想怎樣就怎樣吧！不行不行，那就變成道家式的「無爲而治」主張了。更何況倫理道德的主張不能是空談，得在日常生活中實踐出來，無奈一旦有所行動，難免受主觀意志的主導，「推己及人」必然有所限制，無法兩全，我們該怎麼辦呢？

還好，孔子告訴我們：「不隨便臆斷、不冥頑固執、不堅持己見、不自我中心。」[15] 如果聽進去孔子這個提醒，我們不妨以「己所不欲，勿施於人」

---

⑮ 子絕四：毋意，毋必，毋固，毋我。（《論語・子罕》）

爲原則，卻不堅持己見，虛心的去了解他們的想法，隨時調整自己的觀念和作法，不就能避免不尊重和威權感的危機了嗎？

比如我不吃魚，但了解原來媽媽愛吃魚，餐桌上的菜餚就不該缺少魚，「己所不欲，施於人」反而是我的道德修養。即使我知道未來資訊業發展好，傾聽孩子的想法，就算得到的答案大失所望，我也不勉強他聽從，以免當下衝突，未來的發展也未必盡如人意，「己所欲，勿施於人」反而是我的睿智選擇。

至於國家、民族的重大事件，只是立場的選擇而已，很難討好所有人，只要堅持自己的原則就好。話說美國前副總統錢尼受訪回憶九一一恐怖攻擊，記者問他後不後悔下令摧毀已遭脅持的民航機？他的回答很簡單：「那架民航機已經變成恐怖分子的攻擊武器了，就算飛機裡有幾百位人質，身爲美國副總統，我別無選擇，就算十幾年後，我依然是這個答案。」

錢尼所堅持的立場，或許並不是飛機裡的乘客，也不是雙子星大廈的人群，而是他的責任。當恐怖攻擊開始之後，迅速摧毀堪慮的目標，就是他履行職責的方式，至於誰因而得救，誰必須付出生命，都無法顧及了。以「己所欲，勿施於人」來說，錢尼已經沒有「己」欲不欲的問題了，所以「施於人」或「不施於人」的對象，以及如何去做（「施」），不再是以「己」爲依據，有時反而能更貼近現況，因而獲得最好的解決方法。

5. 你確定正義終能感化邪惡嗎？

春秋戰國時期，儒家的政治主張一直沒什麼市場，從孔子的周遊列國到孟子的轍環天下，他們兩位的高尚品格受人敬仰無疑，人君們卻對他們施政建言束之高閣。爲什麼呢？不是挺好的嗎？道德感召，整個國度裡君明臣賢、兄友弟恭的，我以前總是覺得那些君主沒眼光、不識貨。

後來我讀了些書、歷練的事多了，才發現這世界根本沒那麼簡單，處理紛爭的方法何止千百，各個領域都有自己的門道，所以才衍生出現代這麼多的學科，用來因應和處理各種事務的專業和職業。

誠然，倫理道德是萬世不變的眞理，而且可以滲透到各個領域，這也是西方文化在高科技發展之餘，還得努力借鏡東方人文思想的原因。同樣的，當各個學門和專業在日新月異、一日千里之際，面對倫理秩序和道德議題時，還是得從東方人文智庫中挖寶，可見一斑。

孔子堅決相信國家領導者的道德示範，將引發群起效尤的效應，這時他就像北極星一樣璀璨，人民以他爲效法對象就可以了⑯。在實際的政務上，如果以道德引導，以禮樂約束，這樣人民就能遵守法律，而且以守法爲榮。相反的，如果以法令引導，以刑法約束，人民爲了逃避懲罰不得不守法，便容易鑽法律漏洞，毫無廉恥之心⑰。

的確，孔子主張的「有恥且格」是近代倫理學的理想，一旦人們願意從「他律」進化到「自律」，許多道德的科條就不再形同具文，人們甚至會覺得謹守道德是自己的責任，這不僅是個人道德行爲成功的關鍵，更是社會和諧穩定的基石。但解決國家社會的亂局，只有「自律」的意識和行動就夠了嗎？光靠國家領導者的道德示範，人們就能產生「自律」的意識和行動嗎？恐怕很難。

剛剛所抛出的問題，涉及的層面太多，不是我能夠回答得了的，當然也不是本書所關切的範圍。或許您讀到這裡覺得太抽象，或覺得只是理論觀念的分析而已，不夠具體，那我們就舉更具體些的來討論。

有次魯哀公問孔子：「該怎麼做人民才會信服呢？」孔子回答：「任用正直的人領導邪妄的人，人民就會信服；任用邪妄的人領導正直的人，人民就

⑯ 子曰：「為政以德，譬如北辰，居其所而眾星共之。」（《論語・為政》）
⑰ 子曰：「道之以政，齊之以刑，民免而無恥；道之以德，齊之以禮，有恥且格。」（《論語・為政》）

不會信服。」⑱這種說法比較明確些了，施政的效果不是要人民崇拜，而是信服，孔子告訴我們，正直人才的任用是非常重要關鍵。

很明顯的，「舉直錯諸枉」已經不只是道德示範的問題，而是有管理或制裁的意思在裡面。簡單的說，孔子秉持著教化的原則，還是認爲正直的人能夠好好管理或制裁邪妄的人。但靠的是什麼？沒講！或許這不是重點，因爲人民對這個施政安排的觀感最重要（「民服」），大家高興最重要。

儘管《論語》沒提，我們不妨猜測一下正直的人會怎麼處理邪妄者？道德感召？怎麼做？依法處理？什麼法？怎麼處理？是除惡務盡嗎？《論語》其他記載中有類似的主張嗎？大家熟知的是孔子殺少正卯吧！儘管這個大事件《荀子》、《說苑》、《史記》、《尹文子》等書都有記載，《論語》卻隻字未提，實在很奇怪，所以我們姑且存而不論。

季康子問孔子如何施政時說：「如果把壞人殺了，延攬好人，您覺得如何？」孔子回答：「您治理國家何必殺人呢？如果您爲善，人民就跟著爲善。領導者的品德像風，人民的品德像草，風吹草上，草必然隨風而倒。」⑲看來孔

---

⑱ 哀公問曰：「何為則民服？孔子對曰：舉直錯諸枉，則民服；舉枉錯諸直，則民不服。」（《論語・為政》）

⑲ 季康子問政於孔子曰：「如殺無道，以就有道，何如？」孔子對曰：「子為政，焉用殺？子欲善，而民善矣。君子之德風，小人之德草。草上之風，必偃。」（《論語・顏淵》）

子並不主張除惡務盡，而是堅信道德教化的必然效果。

然而回到現實面來看，「風行草偃」是大自然的現象，當然不容置疑，可是領導者的道德示範是否必然影響人民，則是未定之天，孔子這樣的類比恰當嗎？或許值得我們深思。雖然懷疑孔子「風行草偃」的眞實性，但我們還是希望了解正直的人能做些什麼？否則心裡總是空落落的。還好有《論語》的另一段記載，提供了些線索。

話說樊遲問孔子「仁」是什麼，孔子回答「愛人」；「知」是什麼，孔子回答「知人」，樊遲聽不懂，孔子便說：「任用正直的人領導邪妄的人，邪妄的人會變得正直。」樊遲離開，遇到子夏，說：「剛才我遇到老師，問什麼是『知』，老師回答：『任用正直的人領導邪妄的人，邪妄的人會變得正直。』是什麼意思？」子夏說：「這話的意義很豐富啊！舜擁有天下，從人才中選出了臯陶，邪妄之徒就離開了。湯擁有天下，從人才中選出了伊尹，邪妄之徒就離開了。」[20]

奇怪！孔子明明說「任用正直的人領導邪妄的人，邪妄的人會變得正

---

⑳ 樊遲問仁。子曰：「愛人。」問知。子曰：「知人。」樊遲未達。子曰：「舉直錯諸枉，能使枉者直。」樊遲退，見子夏。曰：「鄉也吾見於夫子而問知，子曰，『舉直錯諸枉，能使枉者直』，何謂也？」子夏曰：「富哉言乎！舜有天下，選於眾，舉臯陶，不仁者遠矣。湯有天下，選於眾，舉伊尹，不仁者遠矣。」（《論語．顏淵》）

直。」怎麼被子夏一發揮，兩個歷史上的聖君任用賢能的人後，邪妄的人就跑了？說好了的要讓他們改過向善，怎麼趕他們跑了呢？這種感覺怎麼好像是靠賢能的人趕跑邪妄的人，不太對吧？

姑且放下子夏的怪異詮釋，「舉直錯諸枉，能使枉者直」的理想究竟該如何實現，才是我們最關心的事。試想，如果「直」是法家型的人物，公正廉明、一絲不苟，的確能讓邪妄的人伏法，但孔子最反對這種作法，因為他的理想是讓邪妄者也「有恥且格」，所以不會想在法令刑律上使邪妄者屈服。

這麼一來該怎麼做？政務上的具體作法又是什麼呢？很可惜孔子沒有清楚交代，所以後來的朝代表面推崇儒術，私底下還是法家的作法，即是所謂的「陽儒陰法」，應該也是無可奈何的決定吧！

從這個角度來看，儒家的道德哲學雖然值得稱道，但《論語》中孔子對政務的說法，實在有點天眞爛漫，甚至可以說是靠「精神勝利法」自我安慰。對比孔子的「吾少也賤，故多能鄙事」，又歷練魯國中都宰、大司寇等職務，因而遭到三桓嫉恨驅逐，桓魋、夫差的追殺圍困，這樣的施政好手，我實在很難想像他竟是個空談理想、天眞爛漫的人。

因此我不由得懷疑，是《論語》沒記到重點？弟子們無法掌握孔子的精髓？還是《論語》的編撰者把自己的想法放進去，硬說是孔子的言行？當然我也不排除《史記》有關孔子的歷史都是胡謅的，但可能是這樣的嗎？

6. 不輕易認證仁者的原因是什麼？

有次孟武伯問孔子：「子路是個仁者嗎？」孔子回答：「不知道。」武伯接著又問。孔子回答：「由啊！有一千輛兵車的大國，可以讓他去治理賦稅，但我不知道他是不是仁者。」孟武伯再問：「冉求呢？」孔子回答：「求啊！有一千個家庭的小城市、一百輛兵車的小國，可以讓他當個市長，但我不知道他是不是仁者。」孟武伯再問：「公西赤呢？」孔子回答：「赤啊！他可以穿著朝服立於朝堂之上，接待外國來的賓客，但我不知道他是不是仁者。」㉑

㉑ 孟武伯問：「子路仁乎？」子曰：「不知也。」又問。子曰：「由也，千乘之國，可使治其賦也，不知其仁也。」「求也何如？」子曰：「求也，千室之邑，百乘之家，可使為之宰也，不知其仁也。」「赤也何如？」子曰：「赤也，束帶立於朝，可使與賓客言也，不

孟武伯是「三桓」中孟孫氏的家主，是魯國的權臣，曾參與驅逐魯哀公、擁立魯悼公的政變，這樣的人問「仁」的問題，實在有點好笑，只不過他似乎滿信服孔子的，所以《論語》中還有他問「孝」的紀錄。㉒

但是這次孟武伯問「仁」是有針對性的，一連問了三位孔門的資優生，可是孔子沒有正面回答，反而給了弟子們施政能力的評論，爲什麼呢？

我認爲孔子避談是不是「仁者」的問題，反而談弟子們的施政能力，或許是因爲想推薦弟子們給孟武伯，所以非常明顯地講每個弟子可以治理的規模，以及他們拿手的項目是什麼。

這時有人可能會說：「這不過是孔子顧左右而言他的技巧，沒這麼多心機吧！」哈！我承認是「顧左右而言他」，但推薦弟子的舉動很明顯，不然怎麼孟武伯問了三次，孔子都講弟子的能力，這種「顧左右而言他」的「他」，可不是信手拈來、打迷糊仗，應該是孔子有意爲之的。

但是孔子爲什麼說不知道自己的弟子是不是仁者？孔子自創「仁學」，提出了很多檢驗一個人「仁」或「不仁」的標準，面對一群天天圍繞在身邊的弟子，如果連孔子都無法判定，還有誰能判斷他們是不是「仁者」呢？更有趣的是，孔子的回答並非「是」或「不是」，而是「不知道」，這種曖昧的答

知其仁也。」（《論語・公冶長》）

㉒ 孟武伯問孝。子曰：「父母唯其疾之憂。」（《論語・為政》）

案，更令人產生許多遐想：孔子到底想表達什麼呢？

子張問：「子文三次當上令尹，沒有表現出高興的樣子，三次被罷免，也沒有生氣的表現。以前令尹的作法，一定會告訴接任的新令尹。您怎麼看？」孔子回答：「算是忠心了。」子張再問：「是位仁者嗎？」孔子答：「不知道他其他表現，怎能判斷他是不是仁者？」子張又問陳文子的行爲，孔子給了「清」的評價，但還是因爲不知道其他的作爲，所以仍然不願判斷陳文子是不是「仁者」。㉓

如果不好意思說自己的學生是「仁者」，可能出於客氣，爲什麼孔子也不願意給已經有好名聲的人物「仁者」的稱號呢？事實上，孔子也自謙不是「仁者」。㉔成爲一位「仁者」，眞的那麼難嗎？孔子不是說：「仁離我們很遠嗎？我想要仁，仁就來了。」㉕既然「仁」這麼近，去做便是了，難道是很難實踐嗎？可是孔子卻又告訴我們只要依禮去看、去聽、去說話、去行動，就

㉓子張問曰：「令尹子文三仕為令尹，無喜色；三已之，無慍色。舊令尹之政，必以告新令尹。何如？」子曰：「忠矣。」曰：「仁矣乎？」曰：「未知，焉得仁？」「崔子弒齊君，陳文子有馬十乘，棄而違之。至於他邦，則曰：『猶吾大夫崔子也。』違之。之一邦，則又曰：『猶吾大夫崔子也。』違之。何如？」子曰：「清矣。」曰：「仁矣乎？」曰：「未知。焉得仁？」」（《論語・公冶長》）

㉔子曰：「若聖與仁，則吾豈敢？抑為之不厭，誨人不倦，則可謂云爾已矣。」公西華曰：「正唯弟子不能學也。」（《論語・述而》）

㉕子曰：「仁遠乎哉？我欲仁，斯仁至矣。」（《論語・述而》）

能達到「仁」的境界了。㉖

看來，從修養功夫來看，要達到「仁」的境界也非難事，爲什麼孔子還是不願意輕易下「仁者」的判斷呢？

反觀孔子在《論語》中的「仁」，幾乎涉及各個層面，「仁」是禮樂的基礎、道德的基石、言行的準則、施政的圭臬、士人的責任、論人的憑據、生死的天平等，更別說一連串孔子隨機點發「仁者」當爲不當爲的箴言，因此我一點都不覺得當個「仁者」很容易。

尤其當孔子大聲誇獎管仲是「仁者」時，我便知道他不會把「仁者」局限在個人道德修養之上，而是把福國利民的事業也考慮進去，所以當個名副其實的「仁者」，談何容易啊！

那麼爲什麼孔子還把「仁」講得很容易呢？我想是爲了讓人不要太排斥「仁」，所以孔子強調「仁」是很親近的，我本有的，只要有心，生活中的一舉一動都可以行「仁」。

即便如此，能行「仁」不代表就是個「仁者」，要達成孔子的各項要求，甚至做到像管仲那樣的功業一點都不簡單，所以孔子不輕易評價一個人是

㉖ 顏淵問仁。子曰：「克己復禮為仁。一日克己復禮，天下歸仁焉。為仁由己，而由人乎哉？」顏淵曰：「請問其目。」子曰：「非禮勿視，非禮勿聽，非禮勿言，非禮勿動。」顏淵曰：「回雖不敏，請事斯語矣。」（《論語‧顏淵》）

「仁者」，原因可能在此。

爲什麼孟武伯問弟子們是否爲「仁者」，孔子卻說不知道呢？這種回答頗值得玩味。先說客不客氣的問題，老師稱讚學生，只要不太離譜，應該還是能讓人接受，孔子不就曾很誇張的讚美過顏回嗎？但把一個人評價爲「仁者」，或許就不是某些行爲的論斷了。所以孔子的客氣是合理的，畢竟評「仁者」是件很嚴肅的事情，可不是課堂裡的當下誇獎而已。

既然如此，孔子直接講「不是」就好了啊！或許也沒那麼簡單，孔子回答不知道，可能包含著弟子們目前不是「仁者」，卻帶著他們未來可能成爲「仁者」的期待。在孔子的教誨下，弟子們應該時時注意行「仁」，但這就是個「仁者」嗎？恐怕未必，如果堅持下去，未來可不可能是「仁者」呢？有可能！但孔子只能回答不知道，誰知道將來會怎麼樣，如今只能實話實說。

另外有一種可能性，孔子根本不想和孟武伯多談「仁」的話題，對牛彈琴，談多了也沒什麼意義，所以只給個曖昧的答案。還不如馬上就推薦自己學生的施政能力，透過學生的政務表現，至少還給魯國人民一方清明的政治環境，反而務實多了。如果我是孔子，面對這種世代權臣家族出身的人，就該採取務實的應對方式，否則回答了是不是之後，馬上又衍生一堆新問題，毫無意義。

平心而論，孔子雖然提出了「仁」的概念，其實仍然非常空泛，雖然它涵蓋的範圍很廣，孔子也集中功夫在實踐的方法之上，但他還是沒有給我們

「仁」的定義、對象、內涵、證據等訊息，甚至與其他道德科條的關聯性為何，讀完《論語》之後，我還是一頭霧水。

《孟子》雖然提出了自己的解讀，卻仍然虛無縹緲，而且拿著《孟子》解釋《論語》可能也不是什麼好方法。因此我認為孔子不輕易認證「仁者」，實在不是個好點子，學習「仁」需要典範，「仁者」就是一個活教材、明確的模仿對象，只有死掉的聖賢才算「仁者」，這對孔子「仁學」的傳播絕對有害無益，不是嗎？

7. 誰能告訴我「義」是什麼？

孔子說：「君子對天下的事，不會刻意強求什麼，也不會固執排斥什麼，一切都是以義作爲取捨的標準。」㉗很明顯的，孔子對很多事物的處理態度是開明的，沒有什麼明顯的偏好，但這並不代表他沒有道德底線，這個道德底線就是「義」，可見其在孔子心中的分量。

大家都很清楚，儒家最重要的概念是「仁」和「義」，本書將另列主題討論「仁」，咱們在這裡就集中關注「義」是什麼吧！《論語》中是怎麼界定「義」的呢？很遺憾的，相較於「仁」，孔子口中的「義」似乎只是個道德標準，任何行爲都要符合的道德標準，如果不符合這個標準，就是不道德。

但是這個所謂的「義」有什麼內涵呢？作爲一個道德的標準，「義」有沒有道德層次的設定？合乎「義」的道德行爲有哪些明顯的特徵呢？它和

㉗ 子曰：「君子之於天下也，無適也，無莫也，義之與比。」（《論語・里仁》）

「仁」的關係是什麼？修養功夫上有什麼特殊的要求嗎？……對於「義」，我有太多太多的疑問，《論語》的內容能夠給我答覆嗎？

《論語》提到「義」，大部分是指道德的標準，譬如孔子說：「不是該祭奠的鬼神卻去祭奠，是種諂媚的行爲。符合義的標準的事卻不去做，就是個缺乏勇氣的人。」[28]這裡的「見義」可不是看到一個叫「義」的東西，而是符合道德標準的事。

又如孔子說：「吃粗糧、喝白開水，彎著胳膊當枕頭睡覺，我也樂在其中。不符合義的標準的富貴生活，對我來說就像天上的浮雲一樣，瞬間即逝。」[29]同樣的，這裡的「不義」應解釋爲不符合道德的標準，孔子強調不符合道德標準的富貴，他絕不會去追求的。

這個稱之爲「義」的道德標準是什麼？《論語》沒說明。不同的狀況下，這個道德標準有什麼差異嗎？《論語》沒解釋。作爲道德的標準，「義」有沒有道德層次的設定？抱歉！提都沒提。

孔子說：「君子以義爲本質，以合乎禮的方式表現出來，以謙遜的態度

㉘ 子曰：「非其鬼而祭之，諂也。見義不為，無勇也。」（《論語・為政》）

㉙ 子曰：「飯疏食飲水，曲肱而枕之，樂亦在其中矣。不義而富且貴，於我如浮雲。」（《論語・述而》）

傳達，以誠信完成任務，這就是君子啊！」[30]以「義」作爲「禮」的本質，孔子曾說過：「人而不仁，如禮何？」「義」和「仁」擁有相同的地位嗎？很遺憾的，《論語》中沒有討論「仁」與「義」的關係，甚至連兩者並列的「仁義」一詞也看不到，實在令人費解。

那麼「義」有什麼內涵呢？我只查到「君臣之義」[31]，難道「義」的內容只涉及君臣的倫理關係，不可能！因爲我們剛剛提到「義」作爲道德標準時，幾乎涵蓋了所有的道德層面，只可惜《論語》根本沒講清楚。

還好到了《孟子》，「仁」與「義」的分析愈來愈多，而且合兩者的「仁義」一詞使用不少。那麼作爲千古認可的孔子代言人，孟子所認爲的「義」是什麼呢？除了把「君臣之義」改成「君臣有義」[32]，似乎不承認

[30] 子曰：「君子義以為質，禮以行之，孫以出之，信以成之。君子哉！」（《論語・衛靈公》）

[31] 子路從而後，遇丈人，以杖荷蓧。子路問曰：「子見夫子乎？」丈人曰：「四體不勤，五穀不分。孰為夫子？」植其杖而芸。子路拱而立。止子路宿，殺雞為黍而食之，見其二子焉。明日，子路行以告。子曰：「隱者也。」使子路反見之。至則行矣。子路曰：「不仕無義。長幼之節，不可廢也；君臣之義，如之何其廢之？欲潔其身，而亂大倫。君子之仕也，行其義也。道之不行，已知之矣。」（《論語・微子》）

[32] ……聖人有憂之，使契為司徒，教以人倫：父子有親，君臣有義，夫婦有別，長幼有序，朋友有信。放勳曰：「勞之來之，匡之直之，輔之翼之，使自得之，又從而振德之。」聖人之憂民如此，而暇耕乎？……（《孟子・滕文公上》）

「義」裡面有君臣，不過又提出了所謂的「孝悌之義」[33]，也算創舉。

此外，孟子又提出「羞惡之心，義之端也」[34]、「義之實，從兄是也」[35]，一是從心理感受說「義」的萌發，一是從孝悌精神說「義」，難道這就是「義」的內容嗎？我不相信。因爲孟子繼承了《論語》將「義」視爲道德的標準，這種片面性的界分，很難作爲所有道德的規準。

還好的是，孟子有意的分析「仁」與「義」的關係，可以提供我們側面的掌握「義」的內涵。他說：「仁，是人們安居的屋宅；義，是人們行走的大道。」[36]另外還有「仁是人的良善之心，義是人所走的道路。放棄道路不走，放失善心而不知找回來，可悲啊！人們如果有雞或狗走失了，還知道趕快找回

---

[33] ……五畝之宅，樹之以桑，五十者可以衣帛矣；雞豚狗彘之畜，無失其時，七十者可以食肉矣；百畝之田，勿奪其時，數口之家可以無飢矣；謹庠序之教，申之以孝悌之義，頒白者不負戴於道路矣。七十者衣帛食肉，黎民不飢不寒，然而不王者，未之有也。……。（《孟子．梁惠王上》）

[34] ……惻隱之心，仁之端也；羞惡之心，義之端也；辭讓之心，禮之端也；是非之心，智之端也。人之有是四端也，猶其有四體也。……（《孟子．公孫丑上》）

[35] 孟子曰：「仁之實，事親是也；義之實，從兄是也。智之實，知斯二者弗去是也；禮之實，節文斯二者是也；樂之實，樂斯二者，樂則生矣；生則惡可已也，惡可已，則不知足之蹈之、手之舞之。」（《孟子．離婁上》）

[36] 孟子曰：「自暴者，不可與有言也；自棄者，不可與有為也。言非禮義，謂之自暴也；吾身不能居仁由義，謂之自棄也。仁，人之安宅也；義，人之正路也。曠安宅而弗居，舍正路而不由，哀哉！」（《孟子．離婁上》）

來；善心丟失了，卻不知道找回來。求取學問的方法沒其他的捷徑，就是找回放失的善心而已。」㊲

孟子的譬喻很形象，我們大概知道要立身於「仁」，就像誰都要住房子，不能露宿荒郊；言行都要遵從「義」，就像誰都希望走康莊大道，不必嘗試危險荒僻的小徑。

但「義」到底有什麼內涵？我們還是渾然不知，它作爲一個道德標準，靠的是什麼？怎麼形成的？孟子努力說明「仁」與「義」的關係，我們的確朦朧知道它們之間關聯密切，彷彿有種「體用」的關係，但對我們想了解《論語》所指的「義」究竟爲何物，還是沒有任何線索。

儘管在《論語》中找不到「義」是什麼的線索，很神奇的，包含孔子和弟子們都不會質疑「義」這個觀念，包括孟子的後世儒學家似乎也不曾困擾過，歷史上的偉人慷慨就義時更是不曾猶豫。自古以來，民間非常清楚「義」的行爲爲何，即使目不識丁的人也能說出一番道理。

爲什麼會這樣呢？如果仔細考察一下他們心目中的「義」爲何物時，不難發現其實就是「仁」的翻版，道德行爲的落實而已。既然如此，有「仁」就

㊲ 孟子曰：「仁，人心也；義，人路也。舍其路而弗由，放其心而不知求，哀哉！人有雞犬放，則知求之；有放心，而不知求。學問之道無他，求其放心而已矣。」（《孟子・告子上》）

行，何必再提出個「義」呢？

或許有人這時會跳出來說：「笨蛋！仁和義的關係是知行的，體用的關係，所以當然要分開來說。」是嗎？那爲什麼《論語》不講清楚呢？爲什麼「義」有時能替代「仁」立論？「義」如果只是「仁」的實踐而已，爲什麼孔孟還把「義」當作道德行爲判斷的標準呢？

這一切的一切，都讓我覺得十分迷惘，或許這正是儒家道德哲學令人詬病的地方，也或許在這個鬆散的框架之下，後世才有許多可以發揮塡補的空間。但公說公有理，婆說婆有理，誰才是正確的呢？

第2章

待人處事就這麼簡單嗎？

1.「沒人懂我」只是感慨嗎？

有次孔子感嘆：「沒人懂我！」子貢問：「爲什麼說沒人懂您呢？」孔子回答：「不埋怨天、不責備人。廣泛學習各種知識，從中悟到精深的道理。了解我的，恐怕只有天吧！」①從這段話可以看出，孔子認爲人們不懂他的地方有兩個：一是人生的態度，一是學問的路徑。

雖然孔子說過：「不怕別人不知道自己，只怕自己不了解別人。」②「不怕別人不知道自己，只怕自己沒有能力。」③「君子只怕自己沒有能力，不怕別人不了解自己。」④孔子的「沒人懂我！」恐怕另有深意。但是我更在意的

① 子曰：「莫我知也夫！」子貢曰：「何為其莫知子也？」子曰：「不怨天，不尤人。下學而上達。知我者，其天乎！」（《論語・憲問》）

② 子曰：「不患人之不己知，患不知人也。」（《論語・學而》）

③ 子曰：「不患人之不己知，患其不能也。」（《論語・憲問》）

④ 子曰：「君子病無能焉，不病人之不己知也。」（《論語・衛靈公》）

是頗負盛名的孔子，難道眞的沒人懂他嗎？

由於當時挑戰孔子學說的人不多，他不像孟子那麼忙，每每急著與異端辯論，所以《論語》中沒有相關記載，可供討論的資料不足。至於「學問的路徑」這部分我們姑且存而不論，本文只集中在時人眞的不懂孔子的人生態度嗎？

有次子路在石門住宿，看門的小吏問他從哪裡來，子路說自己是孔子的弟子，小吏回應道：「就是那位明知做不到，卻還不斷努力的人吧？」⑤這就是名句「知其不可而爲之」的出處。令人意外的，這句話竟出自於一個守門的小吏之口，在資訊傳播不發達的二千多年前，孔子的名聲和作爲，顯然已經傳播開了。

或許您會說「知其不可而爲之」不算了解孔子，只是孔子言行的表現而已，不是吧！這句話中「知」和「爲」的不連貫，已經超乎常人的抉擇（正常是「知其可而爲之」或「知其不可而不爲之」），而且還把成敗放在一邊，不去考慮。正因無怨無悔去做，所以能進一步推論到「不怨天，不尤人」的人生態度，您還能說晨門不懂孔子的人生態度嗎？我相信他懂，而且這句話已經道盡箇中精髓。

⑤ 子路宿於石門。晨門曰：「奚自？」子路曰：「自孔氏。」曰：「是知其不可而為之者與？」（《論語・先進》）

爲什麼守門的小吏能說出這麼深邃的話？且不管小吏是不是甘於隱居微末的高人，還是有人曾這麼評論孔子，他只是拿出來引用而已。《論語》編撰者既然選擇讓小吏說出來，顯然孔子的言行理想已經有人掌握了，他還能感嘆沒人懂我嗎？恐怕說不過去了吧！

話說楚國的狂人接輿唱歌經過孔子的車旁，說：「鳳啊！鳳啊！你的德行怎麼衰落到這種地步？過去的事無法勸阻，未來的遠景還能期待。算了吧！算了吧！現在從政的人很危險！」孔子下車想和他談一談，但接輿快走避開，孔子無法和他交談⑥。這位接輿先生很有名，可稱爲古代狂人的代表，他懂孔子嗎？我覺得他了解孔子，未必懂，或許也可說他其實不是不懂，只是思考問題的立場不同，所以根本不可能眞懂。

爲什麼我這麼說呢？把孔子比喻爲「鳳」，就表示對孔子人格的肯定。「往者不可諫，來者猶可追」，顯然他知道孔子「過去」的努力，只不過他不認同，而且他所說可追的「未來」，絕非孔子心中的那個「未來」罷了。所以評論接輿不了解孔子實在說不過去，但他是很難懂孔子的，因爲立場天差地別，眞不懂嗎？不想去懂而已。

⑥ 楚狂接輿歌而過孔子曰：「鳳兮！鳳兮！何德之衰？往者不可諫，來者猶可追。已而，已而！今之從政者殆而！」孔子下，欲與之言。趨而辟之，不得與之言。（《論語・微子》）

話說隱士長沮、桀溺正在耕田，孔子剛好路過，就叫子路去問渡口在哪裡。長沮問那邊駕車的人是誰，子路回答是孔子，長沮就說那他該知道渡口在哪裡啊！子路轉而問桀溺，桀溺問你是誰，子路自我介紹，桀溺便說你是孔子的弟子嗎？子路回答是，桀溺接著說：「天下大亂，誰能改變？你與其跟那位逃避仇人的人（孔子），不如跟著我們這些避世的隱者吧！」說完繼續播種沒停下來。

子路離開他們，回來告訴孔子，孔子生氣地說：「這些人如鳥獸般不能和人群在一起，我不和世上的人打交道要和誰打交道？如果天下太平，我又何必要這麼地努力改變呢？」⑦

同樣的，您能說長沮、桀溺不知道孔子的事蹟嗎？不了解孔子在忙些什麼嗎？當然知道，否則不會酸說「這麼厲害的人」、「他該知道渡口在哪裡啊！」更不會勸子路離開孔子，加入到自己的群體之中。他們懂孔子嗎？當然懂，所以質疑「天下大亂，誰能改變？」他們像接輿一樣，可以算是懂孔

⑦ 長沮、桀溺耦而耕，孔子過之，使子路問津焉。長沮曰：「夫執輿者為誰？」子路曰：「為孔丘。」曰：「是魯孔丘與？」曰：「是也。」曰：「是知津矣。」問於桀溺，桀溺曰：「子為誰？」曰：「為仲由。」曰：「是魯孔丘之徒與？」對曰：「然。」曰：「滔滔者天下皆是也，而誰以易之？且而與其從辟人之士也，豈若從辟世之士哉？」耰而不輟。子路行以告。夫子憮然曰：「鳥獸不可與同群，吾非斯人之徒與而誰與？天下有道，丘不與易也。」（《論語・微子》）

子，也可說不懂，因為他們根本不認同孔子的想法，所以即使懂，也和不懂差不多。

那麼孔子為什麼還要感嘆？而且除了「不埋怨天、不責備人」外，還說出一連串讀書人本來就會做的「廣泛學習各種知識，從中悟到精深的道理」呢？這些只有天知道？當然不是。我猜想，《論語》編撰者之所以要記下這段對話，或許有兩個原因：一是孔子感到曲高和寡後的感嘆，這種孤芳自賞的情緒也出現在孟子、屈原、司馬遷等人的身上，一點都不難理解。進步於時代的政治家、思想家、文學家、藝術家、社會運動家等，幾乎都會發出自己不容於世的悲鳴，孔聖人也不能例外。

二是感嘆各諸侯國君主不能賞識自己，滿腔經世濟民的理想難以實踐，所以發出人們不懂自己的埋怨。依照我們上面的分析，各國君主不懂他嗎？恐怕不會不懂，連守門小吏和世外隱士都清楚，君主可能不知道嗎？當然不可能。但詭譎多變的政治環境下，豈是懂不懂、了不了解後，就能輕易進用一個人，然後將國政全面翻轉？孔子似乎想得太單純。如果再把道德的框架放進去，現實考慮將會更複雜，孔子不懂我的感嘆恐怕得繼續下去了吧！

如果是在現代的社會裡，孔子的作法或許應該調整一下。個人道德修養就算了，但孔子盼望的是「博施濟眾」，光靠「不怕別人不知道自己，只怕自己不了解別人」、「不怕別人不知道自己，只怕自己沒有能力」可不夠，我們當然要了解別人，更要增加自己的能力，卻千萬別天真的相信「不怕別人不知道自己」。如果別人不知道您，您還能做成什麼事？這是一個人人行銷自己的時代，除非刻意想沒沒無聞，但凡有些期待、想要達成某些目標的人，沒讓別人了解您的想法，憑什麼成功呢？

孔子「沒人懂我！」只是感嘆，卻不代表他未曾努力過。周遊列國十四年，《論語》中與各國君主、大臣對話，不是正努力讓別人知道自己嗎？如果不擔心別人不知道自己，何必周遊列國？何必和各國君臣對話？所以現代人千萬別被「不怕別人不知道自己」限制住，行銷自己沒什麼不對的，除非您一開始就別有選擇，那就另當別論了。

2.是想培養無數的一孔粉一嗎？

訊息時代下狂熱的「粉絲」們，對自己的偶像總是無條件崇拜的，他們的熱情從不藏在心裡，而是化為行動，完全無視旁人異樣的目光、不解的訕笑。只要偶像出現的場子，所有的作品，無不熱情捧場，偶像的一切一切，都是粉絲們瘋狂追逐的目標。

因此，偶像的經紀公司趁機大撈一筆，不僅出版偶像海報、畫冊，出售可愛公仔、溫馨小物，還在網站中公布偶像的生活照，愛吃的、愛穿的、愛玩的，點點滴滴，也包含與人互動、逛街購物、工作剪影、讀書打瞌睡等，就這樣，粉絲們知道偶像和自己原來那麼近，以後就更加狂熱追星了。

讀了《論語》的〈鄉黨〉章，我才發現原來兩千多年前已經有「偶像經濟」的思維，《論語》的編撰者似乎有意識的經營孔子的粉絲，以類似現代的經營模式，把孔子推向大眾偶像的高度。這種偶像經營成果，影響力可不是幾年、幾十年或幾百年，而是幾千年不止，未來應該還會繼續下去。試想，這是多麼龐大、多麼成功的事業啊！

先講飲食的部分。〈鄉黨〉章記載，孔子吃的盡量要求精糧，肉塊則是愈細小愈好。主食發霉，魚肉腐敗不吃；變色的東西不吃；惡臭的東西不吃；烹飪不好不吃；過了吃飯時間不吃；割得不好不吃；調味料不好不吃。即使肉類很多，卻不能過量；喝酒沒限制，卻不能亂性；集市上買來的酒肉不吃；沒有撤薑的食物不吃。祭典分得的祭肉，不留過夜；家裡的祭肉，不留超過三日；過了三日的食物就不吃了。吃飯和睡覺的時候都不說話。雖然是粗茶淡飯，食用前要祭祀一番，態度得保持嚴肅⑧。

孔子這樣的飲食習慣和原則，曾讓後世的儒學者非常敬佩，某些細節（如「食不言，寢不語」）幾乎是後世讀書人奉行的律則。憑良心說，我的確崇拜孔子連飲食都這麼與眾不同，但也僅止於崇拜，要我這麼做的話，簡直生不如死。更何況，從孔子這麼多「不食」的堅持中，固然能夠發現他重養生的一面，卻不由得驚嘆孔子的經濟條件應該很不錯吧！否則在民生經濟不富裕、多災多難的古代，怎能縱容自己的這些堅持呢？不知「陳蔡絕糧」時，他

⑧食不厭精，膾不厭細。食饐而餲，魚餒而肉敗，不食。色惡，不食。臭惡，不食。失飪，不食。不時，不食。割不正，不食。不得其醬，不食。肉雖多，不使勝食氣。惟酒無量，不及亂。沽酒市脯不食。不撤薑食。不多食。祭於公，不宿肉。祭肉不出三日。出三日，不食之矣。食不語，寢不言。雖疏食菜羹，瓜祭，必齊如也。（《論語・鄉黨》）

還能這麼堅持嗎？

孔子臥床睡覺時不直挺挺的，平時在家閒居不會嚴肅莊重。看到穿喪服的人，就算平常很親近，也嚴肅以待。遇到身著官服和瞎眼的人，即使再熟悉，也表現出禮節。在車上遇到出殯的隊伍，身體略往前傾表示哀悼，遇到身背版圖的人也欠身致意。在大型的宴會中，一定表情嚴肅應對。遇到打響雷、颳大風，一定表情嚴肅以示敬畏天命⑨。

一幅孔子的形象躍然紙上，讓後世粉絲們掌握的不是文字間、對話中的孔子，而是有生動清晰身影的孔子，尤其是寢臥閒居、禮敬喪事，對不同人物應有的態度，完全就是現代版「國民生活須知」的最佳範例，我們不得不承認《論語》編撰者非常成功的宣傳策略。

孔子作為倫理道德和仁義政治的宣傳者，〈鄉黨〉章也沒有忘記。孔子在鄉親面前，溫和恭順，像是不會說話的人。在宗廟朝廷之上，則是口才便給，但謹慎小心⑩。此外，孔子也示範了一套官員的應對原則，對下大夫說話，輕鬆快樂；與上大夫談話，和顏悅色；在君主面前，恭恭敬敬，舉止合

⑨ 寢不尸，居不容。見齊衰者，雖狎，必變。見冕者與瞽者，雖褻，必以貌。凶服者式之。式負版者。有盛饌，必變色而作。迅雷風烈，必變。（《論語．鄉黨》）

⑩ 孔子於鄉黨，恂恂如也，似不能言者。其在宗廟朝廷，便便言，唯謹爾。（《論語．鄉黨》）

宜⑪。對鄉親們的禮儀則是飲酒儀式結束後，老人出去，他才出去。鄉親舉行驅鬼的儺祭時，他就穿著朝服站在東邊的臺階上⑫。

孔子對君主更是畢恭畢敬，君主賞賜的食物，一定要擺正先嘗；君主如果賞賜生肉，就煮熟了祭拜祖先；君主賞賜的是活物，就把牠蓄養起來。陪君主吃飯，君主祭祀後，自己先嘗。孔子生病，君主來探視，他便面向東方迎接，披著朝服，拖著帶子。君主召見，不等車備好，就趕快步行前往⑬。

類似這樣的記載還有不少，我就不一一介紹了，只是心想有了這些描述，後世當官的等於有個言行的模特兒，聖人都這麼做，總不會有人說三道四的，實在是太棒了！

平心而論，《論語》這種全知全能的敘述筆法，除非貼身採訪孔子，時時刻刻記下他的言行舉止，否則很難如此詳盡。更何況《論語》並非出自於孔子嫡傳弟子之手，更不是與他同時期人們的作品，爲何這麼詳盡，實在不可思議！但是我們不得不承認這個特殊的章節，的確提供了一個具體清晰的聖人身影，可供後世孔子粉絲觀摩、效仿的。

---

⑪ 朝，與下大夫言，侃侃如也；與上大夫言，誾誾如也。君在，踧踖如也。與與如也。（《論語・鄉黨》）

⑫ 鄉人飲酒，杖者出，斯出矣。鄉人儺，朝服而立於阼階。（《論語・鄉黨》）

⑬ 君賜食，必正席先嘗之；君賜腥，必熟而薦之；君賜生，必畜之。侍食於君，君祭，先飯。疾，君視之，東首，加朝服，拖紳。君命召，不俟駕行矣。（《論語・鄉黨》）

儘管如此，〈鄉黨〉章的人物形象能否和其他章節的內容呼應呢？我認為似乎不太多，至少〈鄉黨〉章的孔子生活嚴肅恭謹、一板一眼，完全與活潑機智、幽默閒適的那一面相反，判若兩人。至於他與學生的互動細節、周遊列國的場面剪影，卻篇幅不多，非常可惜。

或許這兩者的內容未必有助於增加偶像光環，可能也非粉絲們所樂見，但我認為反而可以更加深孔子的偉岸形象。畢竟聖人之所以是聖人，不是尋常意義的偶像，佛教、基督教儘管也是歌功頌德的多，也偶爾不吝寫出教主的困窘（比如悉達多曾結婚生子，逃離皇宮，在菩提樹下苦思冥想，難以得道等），從這個角度來看，《論語》的編撰者或許還不是那麼成功吧！

一味的歌功頌德，固然能使粉絲更堅定信念，卻難逃後世檢視的放大鏡，而且崇高無垢的孔子形象不一定加分，反而可能令人生出懷疑之心吧！

3. 痛快點！夫子到底求了沒？

可能是我資質愚鈍，總覺得《論語》裡的許多對話曖昧不明、曲折矯繞的，竊以爲思想的表達最需要明白暢達，不該像文學性的模糊敘述，否則容易引發不必要的聯想，甚至錯讀了思想的眞義，那就糟糕了！

譬如子禽問子貢：「老師到一個國家，必定了解當地的政局，是他去訪求來的？還是人家主動告訴他的？」子貢回答：「老師是以溫和、正直、恭敬、節制、謙讓的德行獲得的。老師的訪求和一般人的訪求有所不同。」⑭

讀這一章時，我第一個想揣摩的是子禽的動機，他似乎不在意老師是否了

---

⑭ 子禽問於子貢曰：「夫子至於是邦也，必聞其政，求之與？抑與之與？」，子貢曰：「夫子溫、良、恭、儉、讓以得之。夫子之求之也，其諸異乎人之求之與。」（《論語・學而》）

解當地政局，想做什麼，而是關心獲得這些訊息的過程。換言之，子禽更希望老師是個道貌岸然的聖人，而不是扒糞挖小道消息的狗仔。

子禽心目中或許正猶豫著，如果是老師主動訪求的，他就可能是別有居心的狗仔，或與政客無異，如果是當地人主動告知他的，就可能是老師的德行感召，當地人盼望救星來解決問題。

很遺憾的，資優生子貢同學卻給了一個曖昧不明的答案，相信子禽聽了應該還是一頭霧水吧！子貢先說老師靠「溫、良、恭、儉、讓」等德行，以獲得政局相關訊息的。請注意！這裡寫的是「得之」，並沒有直接回答是「求之」還是「與之」，是種比較籠統的用語。

然而按照一般常識，孔子如果靠德行獲得的訊息，應該是當地人主動告知的，這個行爲的背後動機，或許正隱含著希望孔子有所作爲的期待吧！

但是子貢接下來的話更讓人傻眼，他突然話鋒一轉，直接說老師是訪求而得的，儘管如此，老師的訪求卻與一般人的訪求有所不同。這裡指的一般人訪求，或許就是我們上面所指的扒糞挖小道消息的狗仔，相反的，孔子老師的訪求則是帶著德行去訪求，所以與眾不同。

看來，子禽和我們的二分法，在子貢面前根本不成立，因爲有一種「訪求」叫帶著德行去「訪求」的，不是狗仔的那種行爲。與此同時，或許子貢已經否定人們因孔子德行而主動告知的可能性。

眞的是這樣的嗎？如果子貢的話成立，我們得證明孔子帶著德行訪求時政的可能性，也必須排除人們主動告知孔子訊息的可能性。

孔子曾說過：「不在工作崗位上，就不要謀劃該工作的事項。」⑮這是從倫理分位上談執政者的基本操守，也是道德的條目之一。當然，孔子周遊列國時不是專職的官員，頂多就是接受供養的客卿而已，沒有負責實際的政務，他老人家會沒事去打聽東打聽西的嗎？我想不至於。更何況以自己崇高的道德聲望去打聽政局，就算是道聽塗說，不是個很自貶身價的行爲嗎？

因此比較起子貢帶著德行去打聽的說法，我更相信孔子是個務實的人，「入境問禁、入國問俗」本來就是一種禮⑯，周遊列國是想經世濟民。《論語》中那麼多人向他問政，沒搞清楚狀況，啥事都做不了、啥問題也答不來，豈不糟糕透頂？所以去訪求當地人實際的狀況很自然，也不必像子禽那樣想太多，好像只要去訪求就是自甘墮落，沒那麼嚴重啦！

如果像子貢講的帶著各種德行去訪求，那該有多可怕啊！《論語》中雖然沒有記載孔子曾問了誰，一般情況下，「溫和」、「恭敬」、「禮讓」還好，那是問人的基本態度，但問人訊息需要「正直」和「節制」嗎？一本正經，大義凜然的，不把人嚇跑才怪！

至於有沒有人主動告知孔子時局，不必孔子自己去訪求？我想絕對有，依

---

⑮ 子曰：「不在其位，不謀其政。」（《論語・泰伯》）

⑯ 入境而問禁，入國而問俗，入門而問諱。（《禮記・曲禮上》）

照人類八卦的天性，或許不在少數。是不是因為孔子的德行感召？我覺得應該也不乏其人，至於他們的動機是期待、是挑撥、是看戲、是陷害……，可能都有。下面的一段《論語》的記載，或許可以作為旁證。

公伯寮在季氏面前詆毀子路，子服景伯將此事告知孔子，而且說：「季氏被公伯寮迷惑，我有能力殺了他，讓他陳屍街頭。」孔子說：「理想能實現嗎？天命才能決定。理想不能實現嗎？天命才能決定。公伯寮怎能改變命運！」⑰我相信子服景伯一開始是善意的，應該是提醒孔子小心公伯寮，但之後他保證能殺了公伯寮的話一說出，我就納悶了。

如果把公伯寮殺了，就沒有人敢詆毀子路了嗎？而且子服景伯殺公伯寮前見過孔子，還說過殺人計畫，事情一曝光，魯國人會怎麼看孔子？季氏又會怎麼看待孔子和孔門弟子呢？我覺得用魯莽形容子服景伯的話，太小看他了，或許從告密開始，他就別有所圖吧！

再回到孔子訪求的爭議上，我認為子禽的問題太鑽牛角尖，或許他應該更在意的是孔子對時局的針砭意見，而不是來源管道為何；更該對自己的老師有信心，就算是他老人家積極訪求的，又何妨？孔子的動機絕對是非常良善

---

⑰ 公伯寮愬子路於季孫。子服景伯以告，曰：「夫子固有惑志於公伯寮，吾力猶能肆諸市朝。」子曰：「道之將行也與？命也。道之將廢也與？命也。公伯寮其如命何！」（《論語・憲問》）

的。同時，子禽也不必認爲人們主動告知老師就很好，或許告知行爲的背後（像子服景伯），還不知道有多少算計呢！

至於子貢，他果然是個話術高手，他知道子禽要的答案是什麼，或許他更知道自己的回答有朝一日會被筆錄下來，所以用了許多曖昧、繞圈子的說辭。然而他這番看似標準答案的回答，卻把孔子硬框成某種只能靠衛道者的名聲辦事，或者是不知權變的道德吉祥物而已。我相信，這絕非孔子的眞面目。

我認爲子貢提出孔子的「溫、良、恭、儉、讓」用錯地方，孔子的這些德行完全可以用在生活時、論政時、交流時、問學時……，都行得通，而且對後世有非常大的啟示作用。唯獨用在訪求訊息時，我卻怎麼看怎麼怪，或許孔子自己也不會同意這種說法的吧！

4. 「以德報怨」不是孔子說的嗎？

我小時候讀到的歷史是這樣的。

一九四五年八月十五日上午，時任國民政府軍事委員會委員長的蔣介石，透過重慶的中央廣播電臺發表對日抗戰勝利的演說。他在內容中強調「不念舊惡」、「與人爲善」是我們民族傳統至高至貴的德性，所以決定以寬容對待戰敗的日本，這種後人稱之爲「以德報怨」的決定，使得日本國土免於被瓜分，天皇制度也得以保存下來，更放棄索討巨額賠款，戰後的日本因而得以迅速發展起來。

後世有不少人指責這樣的作法，聲稱忘恩負義的日本人根本不配儒家「以德報怨」的對待，如果不這麼做的話，……我不想去評論古人，歷史上的任何決定，總有它的時空條件，旁觀者很難妄加評斷。我有興趣的是「以德報怨」是儒家的嗎？什麼是「以德報怨」？該怎麼做才算是「以德報怨」呢？

如果蔣委員長對日本的不復仇、不剝奪是「以德報怨」，那麼放棄「以牙還牙、以眼還眼」就是所謂的「德」了。寬容待人的確是種德行，但《論語》中孔子曾倡導過對仇人用這樣的德行嗎？好像沒有吧！

我記得最接近的記載是：冉有想知道老師的去留，所以求助於口才一流的子貢同學幫忙，子貢一口答應，便進入孔子居室，問道：「伯夷、叔齊是怎麼樣的人？」孔子回答：「是古代的賢人。」子貢接著問：「他們心中有怨恨嗎？」孔子答：「他們追求仁義，也得到了仁義，怎麼會怨恨呢？」子貢出來後說：「老師不會留下來幫助衛國國君的。」⑱

姑且不論子貢提問的動機，以及莫名其妙的推論。周武王不聽伯夷、叔齊的勸告，滅了殷商，這兩位老人家就決定不吃周朝的粟米，最後餓死首陽山，所以子貢問他們有怨恨嗎？孔子認爲他們追求仁義，也得到了，所以不怨恨。我相信伯夷、叔齊還是對周武王有所怨恨的，畢竟他不聽勸告滅商是事實，但孔子卻說他們沒有怨恨，講的不是對周武王，而是他們決定不吃周朝粟米而赴死時的心態，爲了信念而死，怎會有怨恨呢？

⑱冉有曰：「夫子為衛君乎？」子貢曰：「諾。吾將問之。」入，曰：「伯夷、叔齊何人也？」曰：「古之賢人也。」曰：「怨乎？」曰：「求仁而得仁，又何怨。」出，曰：「夫子不為也。」（《論語・雍也》）

從這裡我們發現伯夷、叔齊回應周武王的方式，不是企圖爲殷商主子報仇，也不是事後原諒武王或訓斥一頓了事，而是堅持自己的信念，不與亂臣賊子爲伍，即使餓死也不改其志。換言之，「企圖爲殷商主子報仇」就是「以怨報怨」，「事後原諒周武王或訓斥一頓」接近「以德報怨」，那麼「堅持自己的信念，不與亂臣賊子爲伍，即使餓死也不改其志」不正是「以直報怨」了嗎？

有人問：「以德報怨，是不是很好的作法？」孔子回答：「如果這樣，怎麼回報有德的人呢？應該以正直回報所怨之人，以德行回報有德之人。」⑲這裡面有「以德報怨」、「以直報怨」、「以德報德」三個觀念，乍看之下好像語言遊戲，但我們如果把上述伯夷、叔齊的事件和孔子的評價配合著分析，應該就很明確具體了吧！

那麼孔子自己做得到「以直報怨」嗎？考察一下他與魯國權臣季氏的互動過程，或許可以窺知一二。魯國權臣「三桓」的孟孫氏、叔孫氏、季孫氏不斷坐大，甚至驅逐了魯昭公，孔子同赴君難，跟著到了齊國，所以他對「三桓」必然沒有好感。過程中，季孫氏又在自己的庭院裡，囂張的排演天子才能使用的八佾舞，《論語》中便記載了孔子的憤慨。後來季桓子鼓勵魯定公接受齊國的女樂，從此君王不早朝，又在分配祭肉的羞辱下，孔子終於離開魯

⑲ 或曰：「以德報怨，何如？」子曰：「何以報德？以直報怨，以德報德。」（《論語・憲問》）

國。您說孔子那時對季氏可能有正面的評價嗎？

季桓子死後，兒子季康子接著把持魯國政務，雖然他任用了冉有、子路、子貢等人，而且迎接孔子回魯國，奉爲國老，卻仍然用的是季氏祖輩的那一套。因此，齊國陳恆弒其君，孔子依哀公之言請季康子發兵，被他拒絕⑳，卻橫徵暴斂、剷除異己，這跟他的老子沒什麼兩樣。孔子無奈於老冤家季氏的把戲，又面對新權貴季康子，他該怎麼辦？

「以怨報怨」就是置之不理，或者發動弟子們剷除季氏；「以德報怨」則既往不咎，或者是對季康子循循善誘；「以直報怨」便不假辭色，該怎麼樣就怎麼樣，若有缺點就直言批評。很明顯的，孔子選擇了第三種作法——以「以直報怨」。

孔子應對季康子的提問，向來不假辭色。有次季康子問政治，孔子說：「政治就是正直。如果您以正直做表率，誰敢不正直？」㉑孔子話中有話，季康子聽了不知做何感想，這也呼應了「以直報怨」的作法。

另一次因季康子苦於盜賊爲患，請教孔子，孔子說：「如果您不貪婪，就

---

⑳ 陳成子弒簡公。孔子沐浴而朝，告於哀公曰：「陳恆弒其君，請討之。」公曰：「告夫三子！」孔子曰：「以吾從大夫之後，不敢不告也。君曰『告夫三子』者。」之三子告，不可。孔子曰：「以吾從大夫之後，不敢不告也。」（《論語・憲問》）

㉑ 季康子問政於孔子。孔子對曰：「政者，正也。子帥以正，孰敢不正？」（《論語・顏淵》）

算竊盜有很多好處，也不會有人願意去做。」㉒看來季康子修養不錯，指桑罵槐，如果是我大概就翻臉了，這位孔國老說話時夾槍帶棒的，難道盜賊是因我而起的嗎？拐著彎罵人嘛！讓人很不好受。孔子是不是拐著彎罵人，或許見仁見智，不過這種說話方式容易得罪人無疑。

弟子中若有幫助季康子爲惡的更慘，直接被好好修理一番，尤其是畫地自限的冉有。季氏明明比周公還富有，冉有卻幫他搜刮、聚斂財富，孔子氣得大罵：「他不是我的學生。弟子們可以敲鑼打鼓去聲討他。」㉓另一次是冉有、子路來報告季氏要討伐顓臾，冉有強調這不是他們的建議，孔子問爲何不勸阻，冉有終於說出眞心話，接下來，孔子除了預告季氏將禍起蕭牆，還斥責冉有是「君子最討厭那些不說自己想要，還找一大堆藉口的人」㉔。

㉒季康子患盜，問於孔子。孔子對曰：「茍子之不欲，雖賞之不竊。」（《論語．顏淵》）

㉓季氏富於周公，而求也為之聚斂而附益之。子曰：「非吾徒也。小子鳴鼓而攻之，可也。」（《論語．顏淵》）

㉔季氏將伐顓臾。冉有、季路見於孔子曰：「季氏將有事於顓臾。」孔子曰：「求！無乃爾是過與？夫顓臾，昔者先王以為東蒙主，且在邦域之中矣，是社稷之臣也。何以伐為？」冉有曰：「夫子欲之，吾二臣者皆不欲也。」孔子曰：「求！周任有言曰：『陳力就列，不能者止。』危而不持，顛而不扶，則將焉用彼相矣？且爾言過矣。虎兕出於柙，龜玉毀於櫝中，是誰之過與？」冉有曰：「今夫顓臾，固而近於費。今不取，後世必為子孫憂。」孔子曰：「求！君子疾夫舍曰欲之，而必為之辭。丘也聞有國有家者，不患寡而患不均，不患貧而患不安。蓋均無貧，和無寡，安無傾。夫如是，故遠人不服，則修文德以

回想我們的生活之中，這種例子不是常常發生嗎？長輩總是告訴我們要與人為善，凡事能容忍就容忍。這個觀念本來很好，的確能促進團體和社會的和諧，但也得因人而異，如果一味的「以德報怨」，那就是姑息養奸了。然而這也不是代表我們要以命相搏，用激烈的手段爭取我們認為的公道，孔子不可能同意這樣的作法。原因很簡單，如果路上遇到狗咬您一口，難道您馬上去咬回來嗎？您又不是狗，更何況冤冤相報何時了，您該做的，當然是找捕狗隊處理，以免下一個路人受害。

我認為孔子說「何以報德？」真是至理名言，一旦「以德報怨」，置受害者於不顧，是不是正在打擊堅守道德原則的人？相對地，鼓勵作惡的人再接再厲呢？因為守道德的人沒有回報，作惡的人不僅沒有報應，還輕易得到原諒，誰還肯做個道德的笨蛋？

回到一開始講的蔣委員長「以德報怨」，至少從孔子的角度來看，蠢不可及，不僅難以得到日本的心悅誠服，而且對國內的無辜受害者和努力殺敵的人，都是極大的傷害，更別說有益於國家的長治久安了。

來之。既來之，則安之。今由與求也，相夫子，遠人不服而不能來也；邦分崩離析而不能守也。而謀動干戈於邦內。吾恐季孫之憂，不在顓臾，而在蕭牆之內也。」（《論語・季氏》）

5. 這樣算不算是一種責備？

孔門弟子中，總是有幾個常常被老師教訓的，比如白天睡覺的宰我、畫地自限的冉求、不務正業的樊遲，還有兩位被時褒時貶的大咖——子路和子貢，孔子通常會直接批評他們的不足之處，讓他們有所改進。但是我發現其中的一位——宰我，孔子幾次對他的評語都是最猛烈的，卻也有很多值得我們深思之處。

孔子對宰我最嚴厲的批評是「朽木不可雕也，糞土之牆不可圬也」㉕，很有趣的，這兩句千古以來老師們最常用的話，卻是因爲宰我白天睡覺。讀了孔子這麼痛心的批評，我們不禁懷疑爲什麼宰我還能位列孔門四科之中？爲什

㉕ 宰予晝寢。子曰：「朽木不可雕也，糞土之牆不可杇也，於予與何誅。」子曰：「始吾於人也，聽其言而信其行；今吾於人也，聽其言而觀其行。於予與改是。」（《論語・公冶長》）

麼嚴厲的孔子把學生白天睡覺的懶行，奇蹟似地上升到道德的層次？這些懷疑，本書已專列一個主題討論，這裡就不再贅述。

另外一個對話則是宰我問能否把父母三年之喪縮短，孔子問他這麼做心安嗎？他回答心安，接下來就得到孔子「不仁」的評語㉖。我認爲孔子的觀點沒錯，對父母之喪盡心盡力，是出自於報恩的心理。但如果宰我建議把三年之喪縮短是不仁，那現代社會的我們已經不仁很久了，難道一般公務機關直系親屬的喪假只有半個月，也是不仁的政府了？子女在喪期吃美食、穿美衣是一回事，做這些事時心安不安，和喪期是否固定爲三年有何關係？本書也將另文分析之。

然而相較於上面兩個例子，孔子和宰我的所有對話紀錄中，最令人匪夷所思的卻是宰我回答魯哀公問土地神廟的評論。這次的事件是這樣的：魯哀公問宰我土地神廟該種什麼樹？宰我回答：「夏朝用的是松樹，商朝用柏樹，周朝用栗樹，政府種栗樹的目的是要使人民戰慄。」孔子聽說了就評論：「事情已經成了，就不再解說；事情已經做了，就不再勸諫；已經過去的事，就不再追

㉖ 宰我問：「三年之喪，期已久矣。君子三年不為禮，禮必壞；三年不為樂，樂必崩。舊穀既沒，新穀既升，鑽燧改火，期可已矣。」子曰：「食夫稻，衣夫錦，於女安乎？」曰：「安。」「女安則為之！夫君子之居喪，食旨不甘，聞樂不樂，居處不安，故不為也。今女安，則為之！」宰我出。子曰：「予之不仁也！子生三年，然後免於父母之懷。夫三年之喪，天下之通喪也。予也，有三年之愛於其父母乎？」（《論語‧陽貨》）

究。」㉗

從整段紀錄的語境來看，顯然孔子是對宰我的回答不滿意，而且不滿意的點應該集中在「政府種栗樹的目的是要使人民戰慄」上。既然如此，孔子就直接指責宰我胡說八道就好了，何必講什麼「成事不說，遂事不諫，既往不咎」？這三句話眞的是指責宰我的話嗎？先別看「成事不說，遂事不諫」的「事」是指什麼，提到「既往不咎」，莫非是寬恕宰我的錯誤嗎？這個當下的事件能稱爲「往」嗎？怎麼解釋都怪怪的。

如果換個角度看，可能就會有不同的面貌。如果宰我回答的「夏后氏以松，殷人以柏，周人以栗」是對的，大家應該沒有意見，但如果連「政府種栗樹的目的是要使人民戰慄」的說法也對了，是不是就對得上孔子的評論了？換言之，如果孔子對宰我講的內容眞實性沒有意見的話，可不可能他的評論是另有所指呢？

據我的淺見，孔子的確對宰我內容的眞實性沒有意見，而是宰我不該對魯哀公講這個史實，或許孔子根本不能認同「政府種栗樹的目的是要使人民戰慄」的作法，甚至是想否定這個曾有的劣政。宰我知道了，卻不管不顧的給庸主魯哀公說明原委，如果哪天這位君上突然頭疼腦熱的照著做，怎麼辦？受害

㉗ 哀公問社於宰我。宰我對曰：「夏后氏以松，殷人以柏，周人以栗，曰使民戰栗。」子聞之曰：成事不說，遂事不諫，既往不咎。」（《論語．八佾》）

的難道不是人民嗎？所以孔子生氣了。

因此，「成事不說，遂事不諫」中的「成事」、「遂事」，指的都是過去周朝「使民戰栗」的劣政，既然是史實無法改變，不必再提，所以孔子稱之爲「不說」、「不諫」。此外，孔子認爲它就算曾是劣政，由於已經是往事，也不必追究它了，便有「既往不咎」的意見。

如果上述的解讀不算離譜，孔子的確對宰我有所責備，但責備的原因不是他說錯了，而是不應該說出來，還是對愚昧的魯哀公提起，更是不可原諒。在這次的評論中，孔子想告訴宰我的是：「很多情況下，重點不在於事實與否，而在於因時、因地、因事、因人，說該說的話，想著如何發揮出積極正面的影響才對，一味地只想賣弄才學，反而會本末倒置。」

孔子曾說過「說話很巧妙、表情很生動的人，恐怕心中的仁德不多吧！」㉘因此我認爲這就是他對言語科的宰我和子貢嚴格，對話中常有貶抑語氣的原因。難道就裝聾作啞，或者是大家憋著不講話嗎？當然不是，該說的仍得說，「巧言令色」原本不是罪，他或許更希望經過自己的調教，宰我和子貢是爲數不多，心有仁德的「巧言令色」成員吧！

有次孔子詢問公明賈說：「聽說公叔文子不說話、沒笑容、不爭取，真的是這樣嗎？」，公明賈回答說：「這話太過了。公叔文子該說的時候說，人們

㉘ 子曰：「巧言令色，鮮矣仁！」（《論語・學而》）

不厭煩他的話；快樂時才笑，人們不覺得他虛僞；合乎道義才爭取，人們不覺得他貪婪。」孔子回答：「是這樣嗎？眞的是這樣嗎？」㉙從孔子不可思議的反應可知，這是多麼難以達到的境界啊！同樣的，我們也了解孔子心中語言表達的最高原則是「時然後言」。

我認爲這個「時」的涵義很豐富，其中包含了什麼時機該說、什麼話該說不該說、說這些話的影響，甚至包括了說話動機的追究，以及因應說話對象的內容取捨等。一位有仁心的「巧言令色」者，話語的外在表現如何並不重要，在「時」的考慮下，反而更能發揮巨大能量，成就更偉大的功業，或許這才是孔子對兩位弟子眞正的期待吧！

㉙子問公叔文子於公明賈曰：「信乎夫子不言、不笑、不取乎？」公明賈對曰：「以告者過也。夫子時然後言，人不厭其言；樂然後笑，人不厭其笑；義然後取，人不厭其取。」子曰：「其然，豈其然乎？」（《論語・憲問》）

6. 能當個「巧言令色」的仁者嗎？

毫無疑問的，孔子不太喜歡口才好的人，所以言語科的宰我和子貢常常被老師修理，您可以在本書的相關主題得知，這裡就不再贅述了。所以孔子表示：「說話很巧妙、表情很生動的人，恐怕心中的仁德不多吧！」[30]或許孔子看過很多這類人，其中的確不少缺德的，這段話應該是客觀事實的描述。

很少不是沒有，我認為「巧言令色」沒有錯，否則孔門為什麼設有言語一科？孔子曾說求知在於應用，讀了《詩經》後就得出使他國實踐[31]，外交上如果想妥善應對，「巧言令色」恐怕是基本的要求吧！因此，「巧言令色」的可

㉚ 子曰：「巧言令色，鮮矣仁！」（《論語・學而》）

㉛ 子曰：「誦詩三百，授之以政，不達；使於四方，不能專對；雖多，亦奚以為？」（《論語・子路》）

能「鮮矣仁」，但這不代表「巧言令色」的人，不能當個仁者吧！

此外，除了春秋戰國時期的縱橫家人物，歷史上辯才無礙、口若懸河，卻能折衝樽俎、爲國爲民，鼓動三寸不爛之舌的人，難道還少了嗎？我們不能貿然把「巧言令色」和道德淪喪畫上等號，孔子也沒有把話說死，聲稱「巧言令色」的人都沒有仁愛之心（「鮮」是少，不是沒有），不是嗎？

那麼，我拿距孔子時代近一點的史實當例子吧！戰國時代趙國的藺相如在「完璧歸趙」和「澠池之會」兩個事件中，表現得非常傑出，他使得當時的強秦既占不到任何便宜，還碰了一鼻子的灰，所以事後趙惠文王拜他爲上卿，委託他管理朝政。這兩個故事非常精彩，大家可以去找來看，內容我就不細講了。

但是藺相如原本是趙王身邊太監總管的手下，不入流的小吏，兩次外交活動後竟然一躍爲上卿，看在老將廉頗的眼中非常不屑，心想：「我一生征戰無數，靠一刀一槍換來爵位，這姓藺的小子要耍嘴皮子就當上卿，天理不容啊！」在廉頗眼中，藺相如絕對是個「巧言令色」的人，但他敢說藺相如「鮮矣仁」嗎？當然不敢，他的功績擺在那哩，廉頗卻依然看不起他。

歷史上藺相如或許不多，像廉頗那樣的卻一大堆，誰都佩服外交官的嘴上功夫，卻又常常不屑他們的重大貢獻，這是一種非常矛盾的心理。我想「巧言令色，鮮矣仁！」的說法或許該負點責任，因爲孔子的這兩句話已經被曲解，後世的人已經把「巧言令色」和缺德的人畫上等號，堅信不可能有「巧言令色」的仁者，或者是「巧言令色」的人不管怎麼努力，永遠當不上仁者。但是這樣的嗎？

尤其現代的資訊社會裡，如果沒有良好的傳播手段和效率，在訊息的洪流之下，沒抓住大眾的目光、吸引人們的注意，再好的東西也容易被埋沒。試問，任何傳播形式缺了「巧言」和「令色」兩個關鍵，怎能發揮強大的傳播效果呢？所以我們不僅不能排斥「巧言令色」，還得幫它找出路，有朝一日，讓「巧言令色」變成道德實踐的利器。

事實上，孔子提出「說話很巧妙、表情很生動的人，恐怕心中的仁德不多吧！」之外，還有許多言行配合上的建議，可視爲提升「巧言令色」的人道德層次的作法。譬如孔子說：「古人不隨便承諾，就是怕自己做不到。」㉜「言而有信」本來是很普通的道德行爲，放在「巧言令色」的人身上卻容易忽略，爲什麼呢？因爲太重視言行上的修飾，本末倒置，反而常常忽略道德本身才是重中之重的。

此外，孔子又說：「君子希望自己口才遲鈍，但行爲敏捷。」㉝爲什麼君子希望自己口才遲鈍？頗值玩味。我認爲君子即使口才便給，也不必在平時就急於炫耀，等到需要時再使出來，反而更有價值。所以取而代之的，便是口頭

㉜ 子曰：「古者言之不出，恥躬之不逮也。」（《論語・里仁》）
㉝ 子曰：「君子欲訥於言，而敏於行。」（《論語・里仁》）

表現上刻意遲鈍、低調，卻在行動上更爲積極，不落人後。

再者，孔子曾詢問公明賈說：「聽說公叔文子不說話、沒笑容、不爭取，眞的是這樣嗎？」公明賈回答說：「這話太過了。公叔文子該說的時候說，人們不厭煩他的話；快樂時才笑，人們不覺得他虛僞；合乎道義才爭取，人們不覺得他貪婪。」孔子回答：「是這樣嗎？眞的是這樣的嗎？」㉞公叔文子竟有這樣的修養，孔子驚呆了，所以重複詢問希望確認。其中的「該說的時候說，人們不厭煩他的話」，我認爲這是有志於成爲「巧言令色」的仁者，必須做好的功課。

不管有沒有道德意識，「巧言令色」的人大部分好發議論，有一身漂亮的羽毛，孔雀難道不想常常拿出來炫耀一下嗎？這是人之常情。不過正如前面講的，君子平時要盡量低調，不逞口舌之利，得在行動上搶得先機才對。這難道是鼓勵擁有卻不用，永遠裝個遲鈍的人嗎？當然不是。

我們之前說需要時再施展出來，何時需要呢？那就是「時」方面的考慮了，包含什麼時機該說、什麼話該說不該說、說這些話的影響，甚至包括了說話動機的追究，以及因應說話對象的內容取捨等因素。

㉞ 子問公叔文子於公明賈曰：「信乎夫子不言、不笑、不取乎？」公明賈對曰：「以告者過也。夫子時然後言，人不厭其言；樂然後笑，人不厭其笑；義然後取，人不厭其取。」子曰：「其然，豈其然乎？」（《論語・憲問》）

因爲道德修養需要下一番工夫，這是儒家拿手的項目，但生活在現代的我們，難道會懷疑有個好口才，以及如何在重要場合表現自己不是門學問嗎？當然是。原本實踐倫理道德和經營自我形象是兩回事，孔子站在道德的制高點評論，才把兩者結合在一起，儘管他的確見到「巧言令色」的人很少具備仁德，卻不意味著「巧言令色」是可恥的。

我相信它原本沒有任何道德的意涵，只不過是一套客觀的操作原則和展現方式罷了，眞正可恥的是孔子看到的那群人，絕不是「巧言令色」本身。

造成這種莫名其妙的偏見，我認爲《論語》中的孔子要負很大的責任，因爲他不斷加深這個觀念㉟，最後終於造成「巧言令色」等於「不仁」（比原文更近一層，落井下石，很正常！）反而他提醒如何在言行上面取得平衡的話，卻無人關注，或許這是孔子自己都沒預料到的吧！

相反的，如果按照孔子的邏輯，難道不「巧言令色」的人就心中充滿仁德了嗎？是否「剛毅」姑且不論，如果拙於言辭的木訥之輩就接近「仁者」，是否成爲「仁者」的判斷標準到底是什麼，到底是行爲還是口才？能否「剛毅」要靠時間檢驗，反而口才笨拙的人卻當下就是「仁者」，這「仁者」也太

㉟ 比如子曰：「剛毅、木訥，近仁。」（《論語．子路》）、子曰：「君子欲訥於言，而敏於行。」（《論語．里仁》）、或曰：「雍也，仁而不佞。」子曰：「焉用佞？御人以口給，屢憎於人。不知其仁，焉用佞？」（《論語．公冶長》）

容易了吧？這種道德修養的判斷標準，反而讓人更迷惑了吧！

回想我們生活之中那些「巧言令色」的人，先不去管他道德修養的高低，馬上就判斷他是個壞人，這樣可以嗎？犯罪分子中的確有不少「巧言令色」的人，尤其那些詐騙分子，哪一位不是高端的「巧言令色」典範。

但我們不要忘了，各行各業的菁英，每一位都是把「巧言令色」當作是基本條件，而且在這個條件下，去創造更多的發展，相較於詐騙犯，不知勝出幾百倍。「水可載舟，亦可覆舟」，舟覆不覆，不在於是不是「巧言令色」的水，而是看坐在舟裡的人怎麼操舟吧！

7. 難道就這麼隨便嫁了？

《論語》有一段孔子嫁女的記載，內容是孔子稱讚弟子公冶長說：「可以把女兒嫁給他。他雖然曾經坐過牢，但並不是他的罪過。」孔子就真的把自己的女兒嫁給他㊱。孔子把女兒嫁給學生很正常，畢竟是自己的學生，知根知底的，不怕所託非人，更何況學生敬畏老師，連帶著對待老師的女兒不至於太差，但我在意的是《論語》記載的原因，實在太不可思議了。

一般家長選擇女婿，不管是看重地位、能力或未來發展，還是考慮其德行、善舉或鄰里名聲，總有個明確清楚的依據，才算是合理的選擇、貼心的選擇。選定女婿之後，再叮嚀其善待女兒，照顧家庭，更希望婦以夫貴，有朝一日能光耀門楣。相形之下，孔子的決定實在非比尋常。

㊱ 子謂公冶長，「可妻也。雖在縲絏之中，非其罪也。」以其子妻之。（《論語．公冶長》）

從這段記載來看，孔子選擇公冶長作女婿的原因，竟然是他曾被冤枉坐過牢？孔子的想法是什麼？難道是嫁女兒安慰公冶長？還是嫁女兒表示對公冶長的信任？或者是讓女兒嫁過去學會公冶長坐冤獄的堅毅？孔子從「可妻也」到「以其子妻之」，顯然對公冶長這個女婿滿意的不得了，這是為什麼呢？

我們先回到《論語》原文，顯然公冶長的「曾經坐過牢，但並不是他的罪過」，是引發孔子嫁女的關鍵因素。那麼孔子到底看重公冶長在冤獄事件的什麼表現了，才願意讓女兒嫁給他？抱歉！記載中公冶長沒有任何表現。因為他是被冤枉的，而且還曾被送入監牢，或許事件過程中曾發生過些什麼，是訴訟時的據理力爭？人們曾願意幫他作證？還是孔子有任何援救行動？越獄？（開玩笑的），可惜《論語》完全沒有記載。

再從另一個角度來看，有可能公冶長被冤枉坐牢之後，孔子觀察到他在道德言行上與眾不同，出獄後德業更為精進，所以孔子認為把女兒嫁給他能終身幸福。但很抱歉！以上都是我個人猜想的，無法證實。如果我不這麼做，實在難以說服自己這段敘述的合理性，即使《孔子家語》說：「為人能忍恥，孔子以女妻之。」還是很難說服我，因為公冶長無罪入獄和能不能忍恥，根本是兩回事。

還有另外一種可能，孔子本來就認可公冶長未來是個好老公，所以告訴大家即使他曾經坐過牢，但他是被冤枉的，大家不要因而猜忌他，為了表示自己的信心，就把女兒嫁給他。我覺得這樣的解讀還算合理，但孔子沒有把公冶長

「可妻也」的理由說出來，這一小段文字卻主要介紹他曾坐過冤獄的事實，不是很奇怪嗎？直覺上公冶長無罪坐冤獄，才是孔子嫁女的原因。

同樣是嫁女的記載，下一則就合理得多，內容是孔子稱讚南容說：「國家太平時，他不會被廢棄不用；國家混亂時，他能免於牢獄刑罰。」孔子就把姪女嫁給他㊲。相較於上述公冶長的記載，孔子把姪女嫁給南容就很合理，因爲一個能在國家太平時發揮自己的能力，國家混亂時又能全身而退，絕對是有智慧的人，讓自己的姪女跟了他，至少不會吃虧，有機會的話還可以飛上枝頭變鳳凰，作爲長輩的孔子何樂而不爲？孔子在這個時候又回復到一般人，和決定自己女兒婚事時迥然不同。

因此我認爲是《論語》的紀錄者有問題，沒把事件說明清楚，而不是孔子前後不一，或者只是爲了撫慰公冶長冤獄的衝動之舉。相對地，他「可妻也」的原因也絕不是曾坐過冤獄，沒頭沒尾的，對公冶長實在是個天大的侮辱啊！或許《論語》的記載者原想突顯孔子的識人之明，或是師生之間的默契，卻不料反而讓讀者一頭霧水，甚至懷疑孔子有草率的行爲，實在得不償失。

細讀《論語》的內容，我們不難發現許多記載就像這樣，沒頭沒尾的天外飛來一筆，或是驢唇不對馬嘴的，讓人不知如何是好，還好有後代的注釋者發

㊲ 子謂南容，「邦有道，不廢；邦無道，免於刑戮。」，以其兄之子妻之。（《論語．公冶長》）

揮想像力，才勉強讓讀者不至於太迷惑。但眞的就毫無疑問了嗎？恐怕未必。

譬如有段記載是孔子說：「對君主展現應有的禮儀，人們會以爲是諂媚的行爲。」㊳為什麼孔子這麼說？有什麼歷史背景嗎？難道當時的臣子們對君主都沒有禮節嗎？人們對沒有禮節的臣子又怎麼評價的呢？有沒有實際的例子可證明？孔子這麼說是要我們對君主無禮，還是勸人們不要曲解守禮者呢？如果依然想對君主展現應有的禮儀，卻不想讓人們覺得是諂媚，該怎麼做呢？……太多需要知道的訊息沒有呈現，徒增人們的誤會，這兩句話突然冒出來對讀者有什麼幫助呢？實在令人費解。

又如孔子說：「人們如果不考慮以後的事，當下就會有憂心的事。」㊴這固然是至理名言，可以套用在很多情境之下，但沒有歷史的情境說明，孔子考慮的策略不知爲何。我們何嘗不能倒過來說：「人們如果不考慮當下的事，未來就有很多憂心的事。」甚至很多情況下是「即使考慮了以後的事，當下還是會有憂心的事。」也成立，那又該如何解釋？難道孔子沒這麼說，就不能算對了嗎？如果《論語》更清楚的交代背景，是不是能避免很多不必要的質疑呢？

孔子曾說：「古人不輕易說話，因爲做不到會覺得很羞恥。」㊵孔子本來

㊳ 子曰：「事君盡禮，人以為諂也。」（《論語・八佾》）
㊴ 子曰：「人無遠慮，必有近憂。」（《論語・衛靈公》）
㊵ 子曰：「古者言之不出，恥躬之不逮也。」（《論語・里仁》）

就討厭花言巧語的人，所以這兩句話理所當然，但是「不輕易說話」就一定「做得到」嗎？是不是輕易說話關乎修養，做不做得到則涉及時機、技巧、資源和外援，所以沒有因果關係。如果想做的事需要團隊幫助，不說出來，誰能幫得了忙？有時說出來不僅是一種宣示，還可能是一個目標，給自己的壓力，反而對接下來的行動有所幫助，所以不一定「做不到」。

盡信書不如無書，孔子的說法沒錯，但實際的生活經驗告訴我們有很多可能性，也不能算不對。如果《論語》給我們多一點訊息，把孔子的話更聚焦在具體的情境之上，我們便因而更了解孔子話中的眞義。即使有自己的意見，也可以在明確的討論方向之下，相互激盪，如此一來，或許更容易爭取大家的認同，孔子的話也更有借鏡意義。

第3章

因材施教應另有深意吧？

1. 千萬別白天睡覺，不然……

小時候常聽到老師罵學生：「你沒救了，眞是朽木不可雕啊！」當時我不懂這句話出自何典，只是奇怪本來就是個腐朽的木頭，當然不能拿來雕刻囉！這和學生有沒有救有什麼關係？不過，老師眼中不可救藥的學生就像腐朽的木頭，眞是個好比喻啊！

後來才知道是出自於《論語》，而且是孔子責備平常表現還算不錯的宰我。但誰沒上課時睡過覺？我就是慣犯，還好我的老師不是孔子，我曾受到的懲處最多是罰罰站、罰罰寫，老師會因學生上課打瞌睡而破口大罵的不多，接著還有一番道德攻擊的更少，上課打瞌睡嘛，我就不信老師以前沒做過。

事情是這樣的，宰予白天睡覺（估計是在課堂上打盹，否則孔子不會這麼生氣），孔子氣得說：「宰予就像腐朽的木頭無法雕琢，像糞土的牆壁無法粉刷，對宰予我還能責備什麼呢？」說完了還是氣，所以孔子又補上一段話：「以前我對待人，他說什麼，我就相信什麼；現在我聽人說完話，還得觀察他怎麼做。因爲宰予，我就改過來這個錯誤了。」①

王充對此頗有微詞，他在《論衡・問孔》中提出了對孔子反應的質疑意見，大概可分爲四點：一是孔子太小題大作，宰予白天睡覺是小惡，把人比喻成朽木、糞土之牆則是因爲有大惡，孔子小題大作了，宰予眞的這麼糟糕嗎？他是怎麼列入孔門四科的呢？顯然這次是孔子衝動了。

二是宰予聰明人，不是笨蛋，懂得察言觀色，只要他有心改，看到老師不高興就知道下次不敢了，孔子發這麼大的脾氣，還惡言相向，是否可能破壞宰予的改過決心。大家針鋒相對的總是不好，師生之間更沒必要這樣。

三是孔子作《春秋》，就算有一點點善行，他都努力宣揚，不會在過失上大作文章（「隱惡揚善」），此舉乃希望當事者能改過向善。怎麼這個作法在學生宰予身上就不靈了，作爲老師的孔子如此深文羅織，實在太不厚道，難道孔子老師不希望學生宰予改過向善嗎？

四是孔子說因爲宰予的晝寢事件，他以後對人要聽言觀行了。王充覺得不可思議，晝寢不可能影響一個人的德行，壞人日夜都不睡，難道就是好人了嗎？以白天是否睡覺考驗人的德行，實在很奇怪！宰予位列孔門四科，如果鬼

① 宰予晝寢。子曰：「朽木不可雕也，糞土之牆不可杇也，於予與何誅？」子曰：「始吾於人也，聽其言而信其行；今吾於人也，聽其言而觀其行。於予與是改。」（《論語・公冶長》）

混，怎能如此？就算鬼混還能有此地位，也算是天賦異稟了。如果畫地自限或志得意滿，孔子勸戒一下就可以了；如果是身體不好，身爲老師的就該關心學生健康，而不是毫無遮攔的謾罵了。

此外，孔子應該對學生更寬厚些，不管有言而無行，或是有行而無言，只要有其中之一，就值得鼓勵，孔子對學生宰予的言行合一期待太高了，實在令人費解。如果學生們都能言行合一，何必來孔門求學？身爲老師的孔子，不正是因爲學生的不足而存在的嗎？學生宰予或許有很多不足之處，面對這樣的學生，孔子不是更應好好教導的嗎？

王充的說法看似有理，但我仍相信孔子這個舉動是善意的，因爲他沒有必要苛待宰予，或許背後有更深刻的道理在。

考察一下《論語》，我們不難發現孔子的確對宰予有許多微詞，譬如有次宰予說：「三年的守孝期實在太長了。君子如果三年不行禮，禮制必然崩壞；三年不作樂，樂曲必然喪失。舊穀子吃完，新穀子又會長，鑽木取火的方法該改變一下了。」孔子問：「守喪期間吃香米，穿錦衣，你心安嗎？」宰予說：「心安。」孔子說：「你心安的話就去做吧！君子守喪期間，吃酒肉不香，聽音樂無法快樂，生活難以安寧，所以不會那麼做。現在你覺得心安的話，那就去做吧！」宰予離開。孔子說：「予不是個仁者。孩子出生後三年，才能離開父母的懷抱。三年之喪，是天下通行的喪期。予啊，難道沒有接受過父母三年懷抱的愛嗎？」②

如果改變三年之喪就不仁，那現代社會直系親屬的喪假只有半個月，豈不大家都狼心狗肺了？禮樂制度因時而異很正常，其他的還好說，但孔子很難接受連父母喪期都想偷斤減兩的作法。如果大家看一下《禮記》對喪禮和祭禮的重視程度，大概就知道孔子的堅持了。

因此誰都可以講縮短三年的喪期，孔門弟子就是不准提，因爲在倫理道德的思維下，三年不只是一個時間數字，更是回報親恩的道德行動，宰予提出來，分明是找罵挨。同樣的事子貢也幹過，他曾想去掉告朔禮用的祭羊，也是基於務實的態度，孔子卻說：「賜啊！你愛惜那頭羊，但我更在乎朔禮會不會因而喪失。」③還好子貢沒有被罵不仁，但子貢的想法也觸犯了儒家對禮的底限，就算另有一番道理，孔子卻絕不認可。

善於表達的人心思靈活，語不驚人死不休，所以常喜歡問些挑釁的、選擇性的問題，希望能難住對方，再逞口舌之利，以掌握談話的主動權。所以子貢

---

② 宰我問：「三年之喪，期已久矣。君子三年不為禮，禮必壞；三年不為樂，樂必崩。舊穀既沒，新穀既升，鑽燧改火，期可已矣。」子曰：「食夫稻，衣夫錦，於女安乎？」曰：「安。」「女安則為之！夫君子之居喪，食旨不甘，聞樂不樂，居處不安，故不為也。今女安，則為之！」宰我出。子曰：「予之不仁也！子生三年，然後免於父母之懷。夫三年之喪，天下之通喪也。予也，有三年之愛於其父母乎？」（《論語‧陽貨》）

③ 子貢欲去告朔之餼羊。子曰：「賜也，爾愛其羊，我愛其禮。」（《論語‧八佾》）

曾以「必不得已而去」，逼問孔子「足兵」、「足食」、「民信之」的先後順序④。宰予更是奇葩，他有次問：「作爲一位仁者，如果有人告訴他：『井裡有位仁者』，他會跳進去嗎？」孔子說：「怎麼會這樣呢？君子可以救人，但不能陷進去；可以被欺騙，卻不能盲目行動。」⑤

當我第一次看到宰予這麼發問，直覺他就是個難搞的學生，難道在他眼中，仁者就是笨蛋的代名詞嗎？而且是個爲了仁愛，不明就裡的捨身殉道的笨蛋嗎？孔子面對這種挑釁的問題，還能曉以大義，眞是令人佩服啊！

因此，我認爲孔子對口才好的學生要求特別高，尤其像宰予和子貢，這類聰明絕頂的學生如果不好好管束，對國家社會的危害程度更甚於常人。這也正是宰予和子貢被孔子誇獎的機會不多，尤其更加狂妄、目中無人的宰予，孔子幾乎不假辭色的原因，就不難推知了。

回到宰予白天睡覺的記載。事實上，孔子並非從這事件後才開始「聽其言，觀其行」的，他曾說：「分析他的動機、觀察他的行動、了解他的想

---

④ 子貢問政。子曰：「足食，足兵，民信之矣。」子貢曰：「必不得已而去，於斯三者何先？」曰：「去兵。」子貢曰：「必不得已而去，於斯二者何先？」曰：「去食。自古皆有死，民無信不立。」（《論語・顏淵》）

⑤ 宰我問曰：「仁者，雖告之曰：『井有仁焉。』其從之也？」子曰：「何為其然也？君子可逝也，不可陷也；可欺也，不可罔也。」（《論語・雍也》）

法。人們還有什麼能隱瞞的？人們還有什麼能隱瞞的？」⑥話語中探得他人眞相的三種途徑，恐怕更多的不只是「聽其言」，而是「觀其行」吧！由此可知，「聽其言，觀其行」是針對宰予說的，千萬別自恃口才犀利，卻忘了實踐才是重點，沒有具體落實的道德，只是可笑的夸夸其談而已，而一切的一切，都得從白天上課不打瞌睡做起。

⑥ 子曰：「視其所以，觀其所由，察其所安。人焉廋哉？人焉廋哉？」（《論語・為政》）

2.孔子的弟子們學些什麼？

眾所周知，孔子是春秋時代第一位私人興學的代表，同時，作爲萬世師表，中華文化的主流思想，往往是後代官、私學的模仿對象。我很好奇，孔門課堂中到底學些什麼呢？在《論語》之中，我們可以看到孔子拿什麼教學生呢？他眼中「好學」的學生，有什麼判斷的標準呢？

我之前的閱讀經驗，知道大部分的學者強調孔子實施的是道德教育，眞的是這樣嗎？怎麼實施的呢？這必然涉及人、事、時、地、物的問題，教材與教法的選擇，恐怕不是一句「道德教育」就能交差了事。然而《論語》的片段式紀錄，能夠提供我們哪些訊息呢？這才是我所關心的。

首先，孔子重視給學生道德的知能無疑。有次魯哀公問：「您的弟子中誰好學？」孔子回答：「有個學生叫顏回的好學，他不對人發怒，不犯同樣的錯誤，不幸短命早死了。現在沒有了，沒見過好學的學生了。」⑦這段話如果讓其他弟子知道，一定非常尷尬，想不到自己的努力學習，老師根本看不上，反而是顏回的行爲表現符合老師的期待，怪哉！

其實一點都不奇怪，《論語》裡只要孔子的教誨，都是弟子們學習的內容，而這其中關乎知識的不多，道德理念下怎麼實踐，才是孔子教誨的最大宗。所以孔子讚賞顏回好學時集中在道德行爲上，一點都不奇怪，而顏回也沒讓老師失望過。孔子讚嘆地說：「顏回能做到三個月心中不違反仁道，其他人頂多十天半個月而已。」⑧您可能覺得奇怪，孔子憑什麼知道顏回心中的想法？當然是從觀察他的言行中得知的啊！

孔子也曾說過：「合理的勸戒，能不聽從嗎？眞正改正了才可貴；恭維的讚美，能不高興嗎？詳細辨析眞僞才可貴。高興卻不辨析，聽從卻不改正，我對這種人也不知道該怎麼辦。」⑨高興卻不辨析，容易被迷惑；聽從卻不改正，自己永遠難以進步，無論「辨析」或「改正」，都得在日常生活中不斷實踐才行。如果以後世的學習分類，道德的項目和建議是「知性學習」，道德的

---

⑦ 哀公問：「弟子孰為好學？」孔子對曰：「有顏回者好學，不遷怒，不貳過。不幸短命死矣！今也則亡，未聞好學者也。」（《論語・雍也》）

⑧ 子曰：「回也，其心三月不違仁，其餘則日月至焉而已矣。」（《論語・雍也》）

⑨ 子曰：「法語之言，能無從乎？改之為貴。巽與之言，能無說乎？繹之為貴。說而不繹，從而不改，吾末如之何也已矣。」（《論語・子罕》）

思辨和實踐是「理性學習」，孔子的道德教育兼重知性與理性的學習。

其次，孔子透過當時的流傳經典，傳授學生多元的知識。尤其是《詩經》，孔子提出了「思無邪」的定性，然後說：「弟子們，爲什麼不學詩呢？學詩可以刺激聯想力、提升觀察力、可以團結群眾、可以抒發不滿。近的可以侍奉父母，遠的可以效忠君主，還可以知道很多草木鳥獸的名稱。」⑩在孔子的心中，《詩經》絕對是個好教材，從這段介紹中可知，《詩經》可以同時滿足「知性」、「理性」，甚至「感性」等的學習需求。

孔子曾說過：「讀了很多詩篇後，讓他處理政事，無法完成任務；出使四方的諸侯國，不能應對外交事務。就算讀得再多，又有什麼用呢？」⑪春秋時期，《詩經》中有許多施政的啟發和內涵，各諸侯國的外交詞令和應對，都習慣引用《詩經》的內容。因此，弟子學習《詩經》絕不只是知道詩篇名目，或是熟背詩篇內容就算了，而是要將學習詩篇的成果應用出來，不管是在朝堂議政，或是外交場合的折衝樽俎，都是如此。

再者，孔子也十分重視「感性」的教學範疇，尤其在音樂的鑑賞和生命境

⑩ 子曰：「小子！何莫學夫詩？詩，可以興，可以觀，可以群，可以怨。邇之事父，遠之事君。多識於鳥獸草木之名。」（《論語・陽貨》）

⑪ 子曰：「誦詩三百，授之以政，不達；使於四方，不能專對；雖多，亦奚以為？」（《論語・子路》）

界的追求之上。孔子曾和魯國樂官談論音樂的演奏，有自己的見解⑫，而且曾在齊國聽到《韶》樂，感嘆地說：「想不到這曲音樂這麼動人啊！」⑬老師對音樂這麼有心得，而且常常抒發對音樂的感受，學生難道對此無動於衷嗎？不可能！所以我認爲這是孔門的「感性」教學內容。

另外則是生命境界的追尋。莫非「齊家、治國、平天下」不是一種生命境界嗎？當然是，卻不免多了道德實踐的「理性」傾向。孔子還有「感性」的生命境界追求嗎？當然有。話說子路、冉有、曾點和公西華陪著孔子閒坐，孔子要大家說說自己受重用後想做的事。子路、冉有、公西華相繼發言，講的都是在政務上如何發揮，孔子聽完一律微笑不答。輪到曾點了，他說：「暮春三月，穿上春天的衣服，約五、六個好友，帶上六、七個童子，在沂水中沐浴，在高臺上吹風，一路唱著歌回家。」孔子嘆口氣說：「我讚賞曾點的生活情趣。」⑭

聽完子路、冉有、公西華的答案後，感覺曾點好像是來耍寶的，看似答非

---

⑫ 子語魯大師樂。曰：「樂其可知也：始作，翕如也；從之，純如也，皦如也，繹如也，以成。」（《論語．八佾》）

⑬ 子在齊聞韶，三月不知肉味。曰：「不圖為樂之至於斯也！」（《論語．述而》）

⑭ 「……『點！爾何如？』鼓瑟希，鏗爾，舍瑟而作。對曰：『異乎三子者之撰。』子曰：『何傷乎？亦各言其志也。』曰：『莫春者，春服既成。冠者五六人，童子六七人，浴乎沂，風乎舞雩，詠而歸。』夫子喟然嘆曰：『吾與點也！』……。」（《論語．先進》）

所問，卻得到孔子的讚賞，這就是孔子的眞生命格調。遭逢亂世，或許他在一生中未曾這麼自在生活過，卻心嚮往之，讚賞曾點之餘，難道沒有給學生們指引另一種生命的新境界嗎？我想絕對有的。

因此從《論語》的內容來看，孔子心目中的「學」涵蓋「知性」、「理性」和「感性」三個部分。簡單的說，便是：「知性」的有禮樂制度、經典內涵和文史知識；「理性」的則以「知性」的內容爲基礎，建構一套倫理道德的價値觀和行爲準則；「感性」的還是以「知性」的內容爲基礎，形成某種藝術生活品味和人生境界追求。

孔子說：「十家之中必然有和我一樣重視忠信的人，卻不如我一樣好學。」⑮如果「好學」的內容不是忠信之類的，那是什麼呢？如果我們認同孔子學習範疇包括「知性」、「理性」和「感性」三者，便了解孔子的「好學」不僅限於道德教育，所以忠信之外，仍有「好學」的空間。

此外，孔子對子路說：「由啊！你聽過六種說法、六種弊病嗎？」子路回答：「沒有。」孔子接著說：「坐下，我對你說。喜歡仁德卻不喜歡學習，就有愚蠢的弊病；喜歡知識卻不喜歡學習，就有賣弄的弊病；喜歡信義卻不喜歡學習，就有強迫人的弊病；喜歡正直卻不喜歡學習，就有苛刻的弊病；喜歡勇力不喜歡學習，就有作亂的弊病；喜歡剛強卻不喜歡學習，就有狂妄

⑮ 子曰：「十室之邑，必有忠信如丘者焉，不如丘之好學也。」（《論語‧公冶長》）

的弊病。」⑯當初我讀到這一章時，非常不解，「仁」、「知」、「信」、「直」、「勇」、「剛」不就是「好學」來的嗎？怎麼有了這些德性，還得再「好學」一次呢？以往的注解大多在爲何有「愚」、「蕩」、「賊」、「絞」、「亂」、「狂」的弊病，沒在「好學」上討論，非常可惜。

如果我們知道，孔子的「學」包括「知性」、「理性」和「感性」三個範疇，或許可以解釋爲「仁」、「知」、「信」、「直」、「勇」、「剛」等德性，如果只停留在「知性」的層面，沒有「理性」的思辨和實踐，便可能會產生六種弊病。當然也有可能在缺乏「感性」的追求下，執著於德性本身的有或無，只想要別人認同和讚許，難以融入到自己的日常生活中，成爲一種新的生命境界，所以形成六種弊病，也是無可奈何的事。

⑯ 子曰：「由也，女聞六言六蔽矣乎？」對曰：「未也。」「居！吾語女。好仁不好學，其蔽也愚；好知不好學，其蔽也蕩；好信不好學，其蔽也賊；好直不好學，其蔽也絞；好勇不好學，其蔽也亂；好剛不好學，其蔽也狂。」（《論語．陽貨》）

3. 對學生的期待太高了吧！

同樣身為老師，我對萬世師表孔子教導學生的方式，一直都很有興趣，直到看到了一段《論語》的記載，我驚呆了。孔子說：「如果不是有心向學，卻苦思無所得的學生，我是不會去開導他的；如果不是心中有所得，卻不知如何表達的學生，我是不會去啟發他的。如果我舉一個例子，他沒辦法聯想到三個類似的事例，我就不再指導下去了。」⑰

看來想當孔子老師的得意門生並不簡單，首先，孔門學生必須有自學的好習慣，而且要先有苦學成材的自覺，因為孔老師不會主動施教，如果看到你懈怠或者是努力的程度不夠，老師根本不會理你。當然這個過程應該有一段考察期，否則孔老師怎麼知道每個人的用功程度如何？所以千萬不要覺得呈上

⑰ 子曰：「不憤不啟，不悱不發，舉一隅不以三隅反，則不復也。」（《論語・述而》）

「束脩」就是孔門弟子了⑱。

其次，每位弟子光靠苦學就行了嗎？那得看你的「苦學」是不是合乎要求。如果按照孔門「憤」、「悱」的標準，自學後的東西要經過「深思」和「表達」兩個步驟，如果有所收穫，免不了被孔老師考校一番；如果還是沒有心得，孔老師覺得你夠努力了，孺子可教，才願意有所提點。

再者，孔門學生還得「舉一反三」，像子貢認爲自己的「聞一以知二」根本不合格，顏淵的「聞一以知十」⑲則遠遠超過孔子的要求，難怪他是孔門中無可取代的資優生。我不禁懷疑，能夠「舉一反三」的學生還需要老師嗎？顯然這在孔子的心中是肯定的，而且他認爲只有這樣的學生才有資格進入孔門學習。

今不如古啊！如果這個標準放到現代，恐怕孔子根本招不到學生吧！或者即使招來一大批學生，三兩下也會被他淘汰光的吧！實在太嚴苛了。我有時反省一下自己，很慚愧的，即使身爲資深老師，如果穿越回春秋時期，我也會是被淘汰的一員。試問，現代的教師又有幾個能做到這一套要求呢？如果老師自己做不到，憑什麼要求學生呢？

---

⑱ 子曰：「自行束脩以上，吾未嘗無誨焉。」（《論語・述而》）

⑲ 子謂子貢曰：「女與回也孰愈？」對曰：「賜也何敢望回。回也聞一以知十，賜也聞一以知二。」子曰：「弗如也！吾與女弗如也。」（《論語・公治長》）

那麼如果孔子對弟子有這麼嚴苛的標準，在《論語》裡應該有類似的記載吧？

按照上述標準，弟子提問之前，應該經過一番苦思，而且在孔老師回答前先行陳述。換言之，《論語》中一大堆的師生對話，有的是學生問、孔子答，可能這些問的人已經深思表達失敗，孔老師才回答他們的；有的是孔子問、學生答，有時孔子對一人發問，有時是多人，各自表述之後，孔子再加以評論，眞的是這樣的嗎？

很遺憾的，事實並非如此，《論語》中大部分是學生直接問，老師再回答，頂多學生接著問，老師隨後補充，看不出學生事前的苦思，更沒有苦思後的表達。譬如號稱「聞一以知十」的顏回，他曾經發問「仁」是什麼，孔子回答：「克制自我，回歸禮教就是仁。有朝一日能克制自己、回復禮教的話，天下的人都會歸向仁的理想境界。要不要行仁是靠自己，哪能靠人協助呢？」顏淵接著問：「實際去做的話有哪些項目呢？」孔子說：「違反禮教的事不去看、不去聽、不去說、不去做。」顏淵回答：「我雖然不夠聰明，但是願意按照老師教誨地去做。」⑳

⑳ 顏淵問仁。子曰：「克己復禮為仁。一日克己復禮，天下歸仁焉。為仁由己，而由仁乎哉？」顏淵曰：「請問其目。」子曰：「非禮勿視、非禮勿聽、非禮勿言、非禮勿動。」顏淵曰：「回雖不敏，請事斯語矣。」（《論語・顏淵》）

這次的問答中看不出顏回對「仁」的苦學深思，更沒有自己的觀點陳述，當然就無從驗證他「聞一以知十」的功力了。同樣的，號稱口才最好的子貢也是如此，他問施政之事，孔子回答：「糧食充足，軍隊強大，人民信任政府。」子貢再問：「如果沒辦法三者同時完成，必不得已哪一個可以先去掉？」孔子答：「軍隊那部分。」子貢又問：「如果還是沒辦法剩下兩者同時完成，必不得已哪一個可以先去掉？」孔子答：「糧食。自古以來人都會死，但如果沒有人民信任，國家就會滅亡。」㉑這段對話顯然看不到子貢的苦學深思、自己的論述，也沒有「聞一以知二」的表現。

還好有子貢的另一段求教紀錄，或許可以旁證一二。子貢問孔子：「貧窮卻不阿諛奉承，富貴卻不狂妄自大，這樣的表現夠了嗎？」孔子回答：「不錯了，但比不上貧窮卻安貧樂道，富貴卻崇尚禮樂。」子貢說：「《詩經》中有『（像治理玉石一樣）切了之後還要磋，琢了之後還要磨』，是這個意思嗎？」孔子答：「賜啊！現在可以和你討論詩了。告訴你過去，你就能想到未來。」㉒子貢一開始先講自己的想法，或許可以作爲他自己苦學深思的陳

㉑ 子貢問政。子曰：「足食，足兵，民信之矣。」子貢曰：「必不得已而去，於斯三者何先？」曰：「去兵。」子貢曰：「必不得已而去，於斯二者何先？」曰：「去食。自古皆有死，民無信不立。」（《論語・顏淵》）

㉒ 子貢曰：「貧而無諂，富而無驕，何如？」子曰：「可也。未若貧而樂，富而好禮者也。」子貢曰：「《詩》云：『如切如磋，如琢如磨。』其斯之謂與？」子曰：「賜也，

述，老師回答後他再引申到《詩經》的內容，或許不辜負「聞一以知二」的美名，但還是無法達到「舉一反三」的要求，十分可惜。

另外一位資優生子夏也有類似的記載，他讀了《詩經・碩人》後，問孔子：「『靈動的笑靨如此燦爛，美麗的目光如此嫵媚，素美的容顏好好打扮一番。』是什麼意思？」孔子回答：「先有素面的紙張作底，才能在上面繪畫。」子夏說：「這是說先有仁義，才靠禮樂美化修飾嗎？」孔子說：「商啊！你啟發了我，可以和你一同討論詩了。」㉓子夏能在老師解釋後馬上提出自己的延伸想法，想必事前已經有苦學深思了，但似乎還是做不到「舉一反三」的要求。

不可否認，如果學生能夠自學，而且經過苦學深思後有自己的意見，當老師的自然很高興，一旦自己有「舉一反三」的好學生，更是件令人驕傲的事，畢竟如孟子說的「得天下英才而教育之」，誰不期待？

尤其現今教育問題紛亂如麻，其中很大的部分在於不敢要求學生，只鄉愿地要老師承擔所有教學成敗的責任，搞得學生上課像是看電影，教學像是帶團康活動，只為博得學生一笑。學習本該大部分是學生的責任，天助自助，所以

始可與言詩已矣！告諸往而知來者。」（《論語・學而》）

㉓ 子夏問曰：「巧笑倩兮，美目盼兮，素以為絢兮。何謂也？」子曰：「繪事後素。」曰：「禮後乎？」子曰：「起予者商也！始可與言詩已矣。」（《論語・八佾》）

孔子強調課前自學、苦學深思絕對是千古不易的眞理啊！能作爲現代教育工作者的借鑑。

但是《論語》對學生的要求過於嚴苛也是事實，孔子「如果不是有心向學，卻苦思無所得的學生，我是不會去開導他的；如果不是心中有所得，卻不知如何表達的學生，我是不會去啟發他的。」的作法，如果是對優秀的學生還可以，難道稟賦較差，比較慢開竅的學生就注定被放棄嗎？

那麼孔門弟子中比較駑鈍的曾參不就早該被逐出師門了㉔，還有配祀孔廟的機會嗎？最被稱道的顏回，還曾被孔子說是「沒有問題像是沒開竅的樣子」（「不違如愚」）㉕，怎麼會是子貢口中的「聞一以知十」呢？因此我認爲《論語》的記載有點太理想化，恐怕不是孔門教育的實況。

㉔ 柴也愚，參也魯，師也辟，由也喭。（《論語・先進》）

㉕ 子曰：「吾與回言終日，不違如愚。退而省其私，亦足以發。回也，不愚。」（《論語・為政》）

4.顏回真的那麼厲害嗎？

孔子的弟子中，最受到誇獎的是顏回。這位小孔子三十歲，而且不幸英年早逝的優秀學生，孔子對他幾乎沒有任何批評，不僅生前反覆讚嘆，死後還表達深切的悲痛，甚至認爲所有學生中，只有他擔得起「好學」這個美名㉖。

但我覺得《論語》中有一段特別怪的對話，讓我對顏回的優秀有點懷疑。有次孔子問子貢說：「你和顏回哪一位比較優秀？」子貢馬上謙虛地回答：「我哪敢和顏回比！他聽說一件事（觀念），就能推知十件事（觀念），我聽說一件事（觀念），只能推知兩件事（觀念）。」孔子聽了不住點頭說：「你是不如他，我和你都不如他。」㉗

㉖ 哀公問：「弟子孰為好學？」孔子對曰：「有顏回者好學，不遷怒，不貳過。不幸短命死矣！今也則亡，未聞好學者也。」（《論語．雍也》）

㉗ 子謂子貢曰：「女與回也孰愈？」對曰：「賜也何敢望回。回也聞一以知十，賜也聞一以

這次的對話總讓人覺得有點奇怪，首先，孔子爲什麼要問子貢這個問題？從子貢的表現來看，他是事功型人物，根本和顏回不是同一類人，沒什麼可比性。其次我認爲「聞一知十」或「聞一知二」，應該是學習時的機敏或臨事的反應，《論語》中顏回被誇獎的卻多是學習的態度，以及安貧樂道的操守，兩者沒有直接關係，子貢「聞一知十」的恭維從何而來？

再者，依《論語》的內容來看，孔子當然認爲子貢不如顏回，但爲什麼突然加上「自己也不如他」的結論呢？是爲了安慰子貢？還是孔子自己眞的覺得不如顏回？還是另有目的？

接下來我們就根據上述三點，再配合《論語》的內容，一一的來討論這段記載的怪異之處。

很奇怪，孔子爲什麼要找子貢問這個問題？爲什麼不找同以德行聞名的閔子騫、冉伯牛、仲弓等人，也不找有點關係的政事咖冉有、季路（比如「德政」的論題），反而找了以言語出名，賺了錢且建立了若干功業的子貢？我認爲，道德宅男和跨國CEO之間，根本沒啥可比性的嘛！

此外，孔子爲什麼不多找幾位弟子來問，就光問子貢一人？這麼問子貢，難道希望他回答：「開什麼玩笑，顏回根本不如我！」怎麼可能？如果想考驗子貢謙不謙虛，目的顯然達到了，那又有何意義呢？如果是爲了驗證顏回的優

知二。」子曰：「弗如也！吾與女弗如也。」（《論語・公冶長》）

秀，莫非身爲老師的發言權，還比不上子貢同學的謙虛認可嗎？實在很怪。

其次，子貢說自己不如顏回的「聞一知十」說法，更是奇怪，考察《論語》中孔子對顏回的讚美，不是像「我和回整天談話，他沒有回應就像傻子一樣。後來私下觀察他，他能把我所說的確實掌握，還有所發揮。回啊！他眞不傻。」㉘般，講的是顏回的學習態度，要不然就是讚美他「不遷怒，不貳過。」的德行，還有簞食瓢飲下，安貧樂道的操行。子貢從哪裡知道他「聞一知十」呢？如果有的話，可能就是兩人一同受教時發現的，但《論語》沒有記載，非常可惜。

反而是子貢自己，在各地行商和折衝樽俎的過程中，需要應付各種變化，「聞一知二」夠嗎？當然不可能！相較於顏回在課堂和生活中的「聞一知十」，子貢外出打拚，卻只靠「聞一知二」闖天下，實在不可思議。

就以《論語》的內容來看，子貢的機智反應就讓人嘆服了，話說冉有想知道老師會不會爲衛君效力，子貢爽快答應前去試探，子貢問孔子：「伯夷叔齊是哪種人？」答：「古代的賢人。」問：「他們有怨言嗎？」答：「他們追求仁也得到它了，又有什麼怨言呢？」子貢出來，告訴冉有說：「老師不會爲衛君效勞的。」㉙何等的聰明機智！

㉘ 吾與回言終日，不違如愚。退而省其私，亦足以發。回也，不愚。（《論語．為政》）

㉙ 冉有曰：「夫子為衛君乎？」子貢曰：「諾，吾將問之。」入，曰：「伯夷、叔齊何人

不只在察言觀色、言語上的機智，子貢有次問孔子如果人民貧窮不諂媚、富貴不驕傲如何？孔子回答不錯了，但比不上貧窮卻很快樂，富貴卻好禮樂。子貢馬上接著說是不是像《詩》講的「如切如磋，如琢如磨」？孔子讚美他「告諸往而知來者」㉚，有這樣的聯想力和經典詮釋力，如果只是「聞一知二」，那顏回的「聞一知十」該有多麼可怕？可惜我們沒看到證據。

孔子對這位「聞一知二」的好學生子貢，沒有太多的讚美，反而常常有所告誡。譬如子貢認爲可以廢除告朔禮用的祭羊，但孔子卻說：「賜啊！你愛惜這隻羊，我愛惜的卻是告朔之禮。」㉛此外，子貢曾說：「我不希望別人強迫我做不喜歡的事，我同樣不會去壓迫人。」孔子說：「賜啊！這不是你做得到的。」㉜

再者，子貢曾批評人，孔子說：「賜啊，你就這麼完美嗎？我就沒這功夫

也？」曰：「古之賢人也。」曰：「怨乎？」曰：「求仁而得仁，又何怨。」出，曰：「夫子不為也。」（《論語・述而》）

㉚子貢曰：「貧而無諂，富而無驕，何如？」子曰：「可也。未若貧而樂，富而好禮也。」子貢曰：「詩云：『如切如磋，如琢如磨』，其斯之謂與？」子曰：「賜也，始可與言詩而已矣！告諸往而知來者。」（《論語・學而》）

㉛子貢欲去告朔之餼羊。子曰：「賜也，爾愛其羊，我愛其禮。」（《論語・八佾》）

㉜子貢曰：「我不欲人之加諸我也，吾亦欲無加諸人。」子曰：「賜也，非爾所及也。」（《論語・公冶長》）

批評人。」[33]從這三個例子看得出來，孔子並不喜歡子貢這位太高調的學生，相反的，顏回積極的學習態度，以及安貧樂道的修養，還有「不違如愚」的低調表現，或許才是孔子喜歡的。

因此，顏回眞的像孔子說的那麼厲害嗎？至少作爲旁觀者的我不太贊成，孔門其他弟子如子路、子貢、冉有、子夏等，其實各有特色，以現代的觀點來說，都能算是資優生，難分軒輊。那麼孔子爲什麼高看顏回一頭呢？我認爲，只不過孔子老師喜歡這種類型的學生罷了，或者是想找個學習典範，讓其他學生有所仿效而已。

只不過讓我納悶的是，《論語》的編撰者應該不是顏回的學生，卻似乎很贊同顏回在孔門中的特殊地位，這可不像是子貢在孔子面前有所顧忌，順著老師的心意可比，而是幾個世代之後的共識，這是個很有趣的現象。影響所及，恐怕就是儒家教育的好學生形象深入人心，儒學老師希望有這樣的學生，再現孔子教化盛景；學生則表現類似顏回的樣子，以博得老師的歡心。

但顏回眞是這麼好學的嗎？當然不僅於此，顏回可是集「苦修」、「仁者」、「安貧」、「樂道」、「聞一知十」等完美形象於一身的，學了顏回，的確就掌握了一位儒者的基本操守。看來孔子的教化苦心是成功的，再透過《論語》的渲染，更能發揮出巨大的影響。

㉝ 子貢方人。子曰：「賜也賢乎哉？夫我則不暇。」（《論語・憲問》）

5.子貢是不是聰明過了頭？

事情的經過是這樣的，孔子到了衛國後，不管出於什麼動機，昏庸荒淫的衛靈公對孔子非常禮遇，不僅比照魯國給了粟米六萬石的俸祿，還垂詢了行軍布陣的問題㉞，孔子應該對他是感謝的。然而畢竟衛國內政混亂，君夫人南子荒淫之名遠揚，甚至還牽扯到了孔子㉟，而她與太子蒯聵之間的爭鬥，就算衛靈公去世後也沒消停過，難怪孔門弟子會擔心老師的去留決定了。

弟子中較有政治敏感度的冉有擔心孔子心軟，卻又自認沒有口才勸阻孔子，而且生性謹慎的他，甚至連問老師去留與否都不敢，所以求助於口才一流

㉞衛靈公問陳於孔子。孔子對曰：「俎豆之事，則嘗聞之矣；軍旅之事，未之學也。」明日遂行。（《論語‧衛靈公》）

㉟子見南子，子路不說。夫子矢之曰：「予所否者，天厭之！天厭之！」（《論語‧雍也》）

的子貢同學幫忙，子貢一口答應。口才好的人通常善於察言觀色，總是在適當的時候說該說的話，而不是說了多少好聽的話，子貢果然善於揣摩老師的心意，選擇了孔子十分敬仰的伯夷、叔齊作爲話題，旁敲側擊的推知孔子的去留決定。

我們先介紹一下伯夷、叔齊的事蹟。伯夷、叔齊是一對兄弟，他們都是孤竹君的兒子，爸爸原本屬意小兒子叔齊繼承君位，但由於當時奉行嫡長子繼承制，所以叔齊恭請大哥伯夷繼位。想不到伯夷知道爸爸的想法，便堅持讓位給弟弟，自己拒絕即位，甚至逃出孤竹國以明志，想不到叔齊竟也一起逃了，所以孤竹國的君位由仲馮繼任。

流浪中的伯夷、叔齊兩人聽說西伯姬昌善待老者，就前往投靠。不久之後，姬昌去世，繼位者姬發決定伐紂，這兩位老人家竟然拉住姬發的馬頭勸諫，不讓他去討伐商王主子。姬發當然沒聽他們的話，周滅商之後，伯夷、叔齊就氣得不吃周國的粟米，只在首陽山上以樹皮、蕨菜爲食，不久便餓死於山上。後人感念兩人忠義，便世世代代以他們爲忠臣義士的典範。

知道了伯夷、叔齊的大概事蹟後，我們再回到《論語》中子貢如何旁敲側擊的對話上。話說子貢進入孔子居室，問道：「伯夷、叔齊是怎麼樣的人？」孔子回答：「是古代的賢人。」子貢接著問：「他們怨恨嗎？」孔子答：「他們追求仁義，也得到了仁義，怎麼會怨恨呢？」子貢出來後說：

「老師不會留下來幫助衛國國君的。」㊱

孔子評伯夷、叔齊「求仁而得仁」沒錯，兩人的拒不繼位，義不食周粟，都是因爲有自己的信念，奉行原則，死而不悔，所以兩人不會怨恨是合理的。我認爲有問題的是子貢拿伯夷、叔齊的歷史表現比附孔子，實在很奇怪！子貢又根據孔子對兩人的評價，推斷老師不會留下來幫助衛國國君，更是奇怪！

首先，孔子沒有伯夷、叔齊的歷史處境，在衛國他沒有繼位的問題，也沒有該勸誰伐誰的問題，他更沒有參與南子和蒯聵的鬥爭之中，孔子能去求伯夷、叔齊的那種「仁」嗎？恐怕很難！其次，不管是自己的爸爸孤竹君，或是後來的周武王，都不是昏庸荒淫的君主，伯夷、叔齊的行爲不是針對君主，而是對自己信念的堅持，即使餓死都不妥協。可是孔子呢？他當然有自己的堅持，面對昏聵的衛靈公，去留可能早已規劃好了，但能和伯夷、叔齊的不妥協一樣嗎？我認爲根本無法類比。

再者，孔子評論伯夷、叔齊的不後悔，是堅持了不眷戀君位和不食周粟的義舉，就算沒有去留衛國的前提，多次聽老師平時對兩人的讚頌，難道聰明

㊱ 冉有曰：「夫子為衛君乎？」子貢曰：「諾。吾將問之。」入，曰：「伯夷、叔齊何人也？」曰：「古之賢人也。」曰：「怨乎？」曰：「求仁而得仁，又何怨。」出，曰：「夫子不為也。」（《論語・雍也》）

的子貢無法預知孔子的答案嗎？應該是知道的，但這與孔子的處境又有何關係呢？伯夷、叔齊的不後悔，是建立在他們兩人的經歷之上，難道孔子也應該不後悔「義不食衛粟」嗎？那前提恐怕該是衛靈公幹出像武王滅商的大事，孔子據以做出了重大抉擇，子貢這時再把伯夷、叔齊和孔子連結起來也不遲吧！

如果我是孔子，知道了子貢把自己比喻成伯夷、叔齊，可能口頭上謙辭一下，心裡未必會反對，因爲他周遊天下，也算是「求仁而得仁」。不過對於子貢用伯夷、叔齊的經歷推論自己的決定，孔子應該會覺得不可思議吧！就算自己決定離開衛國，和伯夷、叔齊之事何干？師生一起周遊列國，榮辱與共，這種問題直接問就行，何必如此？子貢眞的是有點聰明過了頭啊！

話說回來，子貢在這段對話的表現，實在很難與他的言語科高材生身分相匹配，因爲他根本沒有問到重點，沒有得到答案，迂迴地讓孔子抒發了對先賢的感佩而已。對比《論語》的其他記載，這根本不是子貢直言敢說的說話風格。

譬如子貢曾問：「如果能讓人民廣受恩惠，救濟群眾，如何？這樣算是仁者了嗎？」孔子回答：「何止是仁者，根本就是聖人了。連堯舜都不一定做得到。身爲一位仁者，自己想成功，也會幫助人成功；自己想有所收穫，也會幫助人有收穫。能從自己身邊的事找例子，可算是實踐仁的方法。」㊲子貢的提

㊲ 子貢曰：「如有博施於民而能濟眾，何如？可謂仁乎？」子曰：「何事於仁，必也聖乎！

問明確乾脆，一點也不迂迴曖昧，孔子馬上就能為其解惑，有口才的人就該這麼對話。

子貢其他的談話紀錄，大概都是這樣，大家不妨從《論語》中找例子，我就不再贅述。因此我不得不懷疑《論語》的編寫者刻意做假，或者是張冠李戴，將事件與對話搞混了。

綜觀這次子貢旁敲側擊的對話，重點可能不是孔子離不離開衛國，應該也不是子貢的問話有多高明，我認為其中的「求仁而得仁，又何怨」才是關鍵。《論語》編寫者為了突顯孔子的高尚氣節，便藉子貢之口，伯夷叔齊的舊事，只是強調孔子的去衛決定仍不失為仁者的睿智罷了。

堯舜其猶病諸！夫仁者，己欲立而立人，己欲達而達人。能近取譬，可謂仁之方也已。」

（《論語・雍也》）

6.需要考慮的應該更多吧？

千古以來的中國人奉孔子爲萬世師表，不僅是他「有教無類」的偉大胸懷，更由於他的「因材施教」，讓傳統中華大地上的教育事業，很早就綻放出現代化的異彩。現在人們高喊的「適性教育」、「啟發式教學」、「人本教育」、「核心素養教育」等，都是以「學生爲中心」的教育觀，千百年前孔子的「因材施教」早就做了最佳示範。

《論語》中記載了孔門弟子的性格差異：「高柴愚笨、曾參遲鈍、顓孫師偏激，仲由莽撞[38]」。由此可見，孔門的教育是重視學生的個別差異的，所以刻意指出弟子們的個性特質。不只如此，孔子還會針對學生的個別狀況，在相同的提問下，給予不同的解答。比如有關「孝」的解釋，往往根據學生的背景，提出相應的建議。

㊳「柴也愚，參也魯，師也辟，由也喭。」（《論語・先進》）

孔子告訴子游，「孝」不是光奉養父母就行，沒有尊重，與飼養禽獸有何區別㊴？告訴子夏，「孝」得和顏悅色，子女如果只是搶著做事，供養酒肉給父母食用，就算是「孝」了嗎㊵？這麼看來，子游在尊重父母方面做得不夠，子夏則需要對父母更和顏悅色些，孔子的建議絕對不可能無的放矢的。

另一章對比性的敘述，更可看出孔子「因材施教」的可貴之處，卻也提供我們一個反思的機會。子路問：「聽到就去做嗎？」孔子說：「家中有父兄在世，怎麼能聽到就去做呢？」冉有問：「聽到就去做嗎？」孔子說：「聽到就去做。」公西華問：「子路問聽到就去做嗎？您回答家中有父兄在；冉有問聽到就去做嗎？您卻回答聽到就去做，我覺得很疑惑，請告訴我這是爲什麼？」孔子回答：「冉求退縮，所以鼓勵他進取；子路膽大，所以要設法約束他。」㊶

這裡孔子示範了「因材施教」的具體作法：因爲子路平時膽大衝動，就

㊴ 子游問孝。子曰：「今之孝者，是謂能養。至於犬馬，皆能有養，不敬，何以別乎？」（《論語．為政》）

㊵ 子夏問孝。子曰：「色難。有事弟子服其勞，有酒食先生饌，曾是以為孝乎？」（《論語．為政》）

㊶ 子路問：「聞斯行諸？」子曰：「有父兄在，如之何其聞斯行之？」冉有問：「聞斯行諸？」子曰：「聞斯行之。」公西華曰：「由也問聞斯行諸，子曰『有父兄在』；求也問聞斯行諸，子曰『聞斯行之』，赤也惑，敢問。」子曰：「求也退，故進之；由也兼人，故退之。」（《論語．先進》）

約束他；由於冉有退縮害羞，就鼓勵他。然而這樣做沒有問題嗎？考慮一件事是不是該聽到就去做，或者不做，難道是看個性，反其道而行就成了嗎？誠然，膽大的人不深思熟慮，一味蠻幹，所以要他三思而後行；退縮的人前怕狼後怕虎的，走一步退三步，所以得鼓勵他積極點。但這樣就夠了嗎？

事實上，考慮一件事做不做的因素很多，當事者的個性只是其中之一。比如時機成不成熟？各項條件是否具足？對我有何意義？環境是否對我有利？外力支援的狀況如何？未來可能的變化有哪些？突然發生的轉折我該如何因應？之後可能產生什麼影響？……凡此種種，都是不可輕忽的因素。

因此，上述記載的「求退故進，由兼故退」，的確重點的突顯孔子「因材施教」的可貴之處，但如果讀者不察，將誤會處理事務時只需考慮當事人的個性，這就很嚴重了。另外，即使在相對固定的個性下，人們也會有脫稿演出的時候，平常退縮的變果決行動，平常大膽的反而小心翼翼，完全視當時的情況而定，如果這時還是堅持個性至上，意義就不太大了。

比如葉公問孔子是怎麼樣的人，子路竟然答不出來㊷，這與他平時張揚的個性，遇事侃侃而談的形象，實在連繫不起來。據我猜想，面對僭號稱公、居心叵測的楚國大夫沈諸梁，子路恐怕不是答不出來，而是知道不能亂回答，便

㊷ 葉公問孔子於子路，子路不對。子曰：「女奚不曰，其為人也，發憤忘食，樂以忘憂，不知老之將至云爾。」（《論語．述而》）

索性不回答了。這時的子路能算是「兼人」嗎？恐怕不是，反而這次子路沒有由著性子來處理事情。

孔子責備冉有、季路沒有勸阻季氏討伐顓臾，一開始冉有說是季氏想討伐的，跟他們無關，孔子又質疑他們作爲季氏家臣的存在意義，冉有只好說顓臾是隱患，現在不滅，以後必成大患㊸。這是冉有極少數主動表達自己意見的記錄，試問，這時候的冉求還是那個退縮不前、需要鼓勵的弟子嗎？孔子在這個伐顓臾事件裡，可是一點都沒有鼓勵冉有，反而要求他有所節制。

我非常了解《論語》編撰者希望透過對話展現孔子的「因材施教」，也贊成「求退故進，由兼故退」，針對學生的個性給予適切輔導的作法，卻不能因而忽略實際生活情境的複雜性。換言之，當老師的要有自己的一套輔導學生的原則，卻不可僵化不知變通，應該根據實際的狀況有所調整。《論語》用很簡化的記錄宣傳孔子的言行，我們讀它時卻絕對不可以拘泥文字，或幼稚的想把

㊸ 季氏將伐顓臾。冉有、季路見於孔子曰：「季氏將有事於顓臾。」孔子曰：「求！無乃爾是過與？夫顓臾，昔者先王以為東蒙主，且在邦域之中矣，是社稷之臣也。何以伐為？」冉有曰：「夫子欲之，吾二臣者皆不欲也。」孔子曰：「求！周任有言曰：『陳力就列，不能者止。』危而不持，顛而不扶，則將焉用彼相矣？且爾言過矣。虎兕出於柙，龜玉毀於櫝中，是誰之過與？」冉有曰：「今夫顓臾，固而近於費。今不取，後世必為子孫憂。」孔子曰：「求！君子疾夫舍曰欲之，而必為之辭。……吾恐季孫之憂，不在顓臾，而在蕭牆之內也。」（《論語．季氏》）

書中所得直接用在複雜的世界之中。

教育是門很複雜的學問，正因爲教人的老師和被教的學生都是人，而每個人都有非常複雜的心靈和成長背景，所以任何號稱放諸四海而皆準的教育理念，這麼說的人不是騙子，就是還沒把但書講清楚。看似感人溫馨的教育口號，可能包藏著腐蝕孩子身心的毒藥；聽似威權高壓的教育作法，或許正是孩子成長的必要淬鍊。正如「愛的教育」口號下，培養出一群耽於玩樂、目中無人的草莓族，後來出現的「虎爸虎媽」，反而屢屢培育出學習優秀、彬彬有禮、樂觀進取的國家社會棟梁。

我認爲不必要走極端，以「學生爲中心」的思考，並尊重孩子的個別差異絕對沒錯，什麼時候需要「愛的教育」，什麼時候需要「虎爸虎媽」，完全視情況而定。如果教育的內容涉及生活實踐或價值判斷，給他們一些所謂的金科玉律，不如教他們思辨的方法，找出最適合的作法，或是自己最滿意的抉擇，如此而已。

7. 那些夫子鼓勵的讀書方法

《論語》中有兩段讀書方法的記錄令人眼睛爲之一亮，其中一段是子夏讀了《詩經・碩人》後問孔子：「『靈動的笑靨如此燦爛，美麗的目光如此嫵媚，素美的容顏好好打扮一番。』是什麼意思？」孔子回答：「先有素面的紙張作底，才能在上面繪畫。」子夏說：「這是說先有仁義，才靠禮樂美化修飾嗎？」孔子讚賞道：「商啊！你啟發了我，可以和你一同討論詩了。」㊹

這段對話頗有深意，《詩經・碩人》的「巧笑倩兮，美目盼兮」本來是形容美人，「素以爲絢兮」不知從何而來，不過如果把三句連起來，應該可以解爲美人天生麗質，外在的妝點正如錦上添花。然而孔子的回答已經跳脫美人的範疇，而是從繪畫的技法原則上解讀，其實已經創新了，想不到子夏更上一層

㊹ 子夏問曰：「『巧笑倩兮，美目盼兮，素以為絢兮。』何謂也？」子曰：「繪事後素。」曰：「禮後乎？」子曰：「起予者商也！始可與言詩已矣。」（《論語・八佾》）

樓，進一步與倫理道德相連繫，實在非常厲害。

無可否認的，子夏的詮釋更貼近孔門教誨，比如孔子自己曾說的「一個人沒有仁心，就算他知禮行禮又如何？一個人沒有仁心，就算他知樂奏樂又如何？」㊺更明確的說法則是「君子以義作爲本質，遵守禮法，說話謙遜，誠信處事，就是個不折不扣的君子了。」㊻都可以呼應子夏「禮後乎？」的詮釋。看來《詩經．碩人》對話中，孔子的聯想稍遜，畢竟沒有連繫到孔門道德教化的核心思維，所以孔子讚嘆子夏對他有所啟發。

另一段的記載更是有趣，話說可能已經從商成功，成爲富人的子貢問孔子：「貧窮卻不阿諛奉承，富貴卻不狂妄自大，這樣的表現夠了嗎？」孔子回答：「不錯了，但比不上貧窮卻安貧樂道，富貴卻崇尚禮樂。」子貢說：「《詩經》中有『（像治理玉石一樣）切了之後還要磋，琢了之後還要磨』，是這個意思嗎？」孔子答：「賜啊！現在可以和你討論詩了。告訴你過去，你就能想到未來。」㊼

㊺ 子曰：「人而不仁，如禮何？人而不仁，如樂何？」（《論語．八佾》）

㊻ 子曰：「君子義以為質，禮以行之，孫以出之，信以成之。君子哉！」（《論語．衛靈公》）

㊼ 子貢曰：「貧而無諂，富而無驕，何如？」子曰：「可也。未若貧而樂，富而好禮者也。」子貢曰：「《詩》云：『如切如磋，如琢如磨。』其斯之謂與？」子曰：「賜也，始可與言詩已矣！告諸往而知來者。」（《論語．學而》）

我個人認爲，子貢比子夏更勝一籌，因爲子貢善於將經典內容與生活經驗連繫，讓師生的對話不停留在文字意義層面的思考，而是有所延伸。因此在孔子的心目中，或許「起予者商也」是比不上「諸往而知來者」的。

如果我們再回到孔子對《詩經》的界定，就更清楚兩者的高下了。孔子說：「弟子們，爲何不讀《詩經》呢？讀了《詩經》可以訓練聯想力、可以培養觀察力、可以團結群眾、可以抒發鬱悶怨言。近的可以奉養父母，遠的可以侍候君主。可以多認識一些鳥獸草木的名稱。」㊽「興」是一種聯想能力，子貢和子夏都做到了，至於「觀」、「群」、「怨」三者，沒有子貢的生活經驗結合法，恐怕很難做得到，而這正是子夏的經典詮釋法難以企及的。

孔子又說：「讀了《詩經》三百篇，讓他去從政，一事無成；派他去出使他國，無法應對得宜。書讀得再多，又有什麼用呢？」㊾試想，如果沒有子貢那種將《詩經》與生活情境連結，不管從政或出使，能夠順利完成任務嗎？反而是子夏的詮釋方法，如果沒有走出書本，很容易墮入「書讀得再多，又有什麼用呢？」的下場，被人恥笑。

㊽ 子曰：「小子！何莫學夫詩？詩，可以興，可以觀，可以群，可以怨。邇之事父，遠之事君。多識於鳥獸草木之名。」（《論語．陽貨》）

㊾ 子曰：「誦詩三百，授之以政，不達；使於四方，不能專對；雖多，亦奚以為？」（《論語．子路》）

然而無論子貢和子夏誰更勝一籌，我們都可以看出孔子是很贊同、鼓勵兩人的這種讀詩方法的。事實上，當代詮釋學理論正是強調讀者的主宰角色，不必拘執於文本或作者本意的追求，我們所熟知的「讀者反應理論」，更提供這種觀念堅實的理論基礎。此處，我們不打算再討論西方詮釋學的內涵，因爲那不是本書所能顧及的，卻不能不驚訝於孔子的眼光，而千百年來的儒家經典詮釋傳統，或許正是肇基於此。

此外，我認爲孔子那句「始可與言詩而已矣」別有深意。《論語》中出現頻率最高的經典是《詩經》，孔子不僅對其內容定下了「思無邪」[50]、「雅言」[51]的基調，如同前述，還指出學《詩經》後的應用範圍和「興」、「觀」、「群」、「怨」等功能，可見孔子對《詩經》的重視。如果再從子貢和子夏的《詩經》對話來看，孔子應該平常就把《詩經》當作教材。

據我推測，孔子與子貢、子夏對話後，很高興的說出「始可與言詩而已矣」，至少透露出兩個訊息：一是孔子平常的《詩經》教學恐怕不是討論式的，而是由孔子主講，學生聽講。二是即使平常是以講述法授課，其實孔子更期待與學生討論，並且鼓勵學生把《詩經》內容加以延伸，不要只是拘泥在文本的意義框架之中，甚至如果學生有新想法，他便毫無遮掩的表現出受啟發的

[50] 子曰：「詩三百，一言以蔽之，曰思無邪。」（《論語・為政》）
[51] 子所雅言，詩、書、執禮，皆雅言也。（《論語・述而》）

感動。

我非常佩服孔子的胸襟和遠見，即使他老人家堅持「述而不作」[52]，卻在他和弟子們主動的、聯想的詮釋下，已經做了很好的示範。千秋萬代的學者們透過自身的努力，經典便可不斷地展現其在各個時代的風華，歷久彌新，爲不同世代的人們提供安身立命的良方，本書的寫作動機也是如此。

事實上，西方的宗教聖典、傳世文章又何嘗不是這樣呢？據報導，基督教的《聖經》仍是目前發行量前幾名的書籍，千百年來各個教派的傳教基石，不正是對《聖經》的不同詮釋立場嗎？佛教經典也是如此。然而孔子的與眾不同處在於自己的示範，以及對學生的鼓勵，讓中華文化傳統有個明確的起點，後人因而有效仿的對象，這是他的偉大之處。

[52] 子曰：「述而不作，信而好古，竊比於我老彭。」（《論語・述而》）

第4章

該做和做成是兩回事吧？

1.孔子的老天爺是什麼樣子？

子貢曾說：「老師的文章，可以讀得到；老師心中有關性和天道的觀念，我沒機會聽聞、了解。」①看來孔子幾乎沒有在課堂上，或與弟子的對話中提到「性」和「天道」的話題，所以就算子貢這種的高材生，而且常常繞在孔子身旁提問的弟子，也不免有這樣的感嘆。

事實上，講倫理道德卻不談「性」，總是有點隔靴搔癢，無法深談，或只能偏向禮法的「他律」制裁，擺脫不掉威權壓迫的質疑。還好近兩百年後有孟子去發揮，「性」的議題才被固定下來。「天道」就尷尬了，這可是先秦道家的拿手絕活，孔子如果花太多精神去討論它，不就本末倒置了嗎？但孔子眞的完全沒說過有關「天」的話題嗎？我的回答是：怎麼可能！

① 子貢曰：「夫子之文章，可得而聞也；夫子之言性與天道，不可得而聞也。」（《論語・公冶長》）

考察一下《論語》的記載，孔子提到「天」的次數還眞不少，而且和傳統的觀念很接近，「天」是個有意志的主宰，祂會賞善罰惡，而且祂欽定的趨勢或規律，人力根本無法改變，只能去接受它。

比如孔子被宋國司馬桓魋追殺時說：「老天爺給我高尚的品德，桓魋能對我怎麼樣？」②這時孔子相信老天爺是善待自己的，既然降下品德給他，怎會讓他被仇人所害呢？

類似的想法也出現在孔子被圍困在匡地時，他說：「文王死了之後，文化的傳統不就由我繼承了嗎？如果老天爺要滅絕文化，就不會選擇由我繼承了。老天爺如果不滅絕文化，匡人能對我怎麼樣？」③孔子自覺繼承文化傳統，如果他被害了，文化便會斷絕，那麼由誰來決定結局呢？就是老天爺。

另外，衛國的王孫賈問孔子：「與其祈求尊貴的奧神，不如祈求有實權的竈神，是什麼意思？」孔子回答：「不是這樣的。如果所作所爲讓老天爺降下大罪，怎麼祈禱都沒有用。」④

王孫賈話中有話，他絕對不是要和孔子討論鬼神之事而已，很明顯的，奧

② 子曰：「天生德於予，桓魋其如予何？」（《論語．述而》）

③ 子畏於匡。曰：「文王既沒，文不在茲乎？天之將喪斯文也，後死者不得與於斯文也。天之未喪斯文也，匡人其如予何？」（《論語．子罕》）

④ 王孫賈問曰：「與其媚於奧，寧媚於竈，何謂也？」子曰：「不然，獲罪於天，無所禱也。」（《論語．子罕》）

神代表君夫人南子的集團，竈神則代表自己的勢力，他想知道孔子會投向哪一邊。想不到孔子根本不願意淌混水，然而我們可以從這段對話中了解，孔子心目中的「天」完全具有賞善罰惡的性格。

講到南子，不得不提到她和孔子的會面，孔子應召去見她，子路不悅，孔子發誓說：「如果我做了什麼違反禮教的事，老天爺會厭棄我！老天爺會厭棄我！」⑤這裡的老天爺是否會厭棄孔子，取決於孔子做了什麼，這不正是某種賞善罰惡的主宰力量嗎？

因此，孔子屢次提到作爲一個讀書人要知「天命」，他就自述「五十而知天命」⑥，而且認爲君子要敬畏「天命」才行⑦。我看到許多注家把「天命」解釋爲「自然的規律」，實在很難認同，因爲《論語》中似乎極少這樣的觀點，更何況孔子的「知天命」和「畏天命」，顯然不是掌握一個客觀的法則而已，而是了解有意志、賞善罰惡的「天」的性格和決定後，所採取的對應之道。

⑤子見南子，子路不說。夫子矢之曰：「予所否者，天厭之！天厭之！」（《論語．雍也》）

⑥子曰：「吾十有五而志于學，三十而立，四十而不惑，五十而知天命，六十而耳順，七十而從心所欲，不踰矩。」（《論語．為政》）

⑦孔子曰：「君子有三畏：畏天命，畏大人，畏聖人之言。小人不知天命而不畏也，狎大人，侮聖人之言。」（《論語．季氏》）

公伯寮在季氏面前詆毀子路，子服景伯將此事告知孔子，說：「季氏被公伯寮迷惑，我有能力殺了他，讓他陳屍街頭。」孔子說：「理想能實現嗎？天命才能決定。理想不能實現嗎？天命才能決定。公伯寮怎能改變天命！」⑧難道理想能不能實現是「自然的規律」決定的嗎？不管是把道家的「道」，或是自然科學的法則放在這裡，都很難解釋得通。

面對天命的無可奈何，孔子多次發出深深的感嘆，譬如得意門生冉伯牛生重病，孔子去探視他，從窗戶拉他的手，感嘆的說：「快不行了，難道這是你的命嗎？這樣的好人竟然得到這樣的惡疾！這樣的好人竟然得到這樣的惡疾！」⑨冉伯牛是孔門的德行楷模，曾追隨孔子周遊列國，矢志不移，中年時竟然罹患不治之症，孔子心中的悲痛，可想而知，卻又無奈伯牛的命運如此，無可奈何。同樣的情況也出現在顏回去世時，孔子悲痛至極，呼天搶地的叫著：「老天爺要我的命啊！老天爺要我的命啊！」⑩

老天爺沒有要孔子的命，而是要了顏回的命，若不是悲痛萬分、無可奈

---

⑧ 公伯寮愬子路於季孫，子服景伯以告，曰：「夫子固有惑志於公伯寮，吾力猶能肆諸市朝。」子曰：「道之將行也與？命也。道之將廢也與？命也。公伯寮其如命何！」（《論語・憲問》）

⑨ 伯牛有疾，子問之，自牖執其手，曰：「亡之，命矣夫！斯人也而有斯疾也！斯人也而有斯疾也！」（《論語・雍也》）

⑩ 顏淵死。子曰：「噫！天喪予！天喪予！」（《論語・先進》）

何，孔子怎麼發出如此不理性的呼喊呢？讀到這裡，或許有人說儒家畢竟不如道家深邃，孔子對「天」的想法竟然這麼幼稚！不是的，不是這樣的。孔子繼承周初以來的思想，認爲「天道遙不可及，人道近可努力」（「天道遠，人道邇」），所以將「天道」存而不論，接受傳統的共識，不願多談，反而把「人道」思想大加發揮，故而有倫理道德的思想體系。

　然而子貢所說的「夫子之言性與天道，不可得而聞也」，彷彿孔子避談、不願談「天道」，這是不對的。孔子談「人道」，必須有「天道」做對比，否則難以突顯「人道」的可貴。有次子路在石門住宿，看門的小吏問他從哪裡來，子路說自己是孔子的弟子，小吏回應道：「就是那位明知做不到，還不斷努力的人吧？」⑪「明知做不到」就是「命」，「還不斷努力」就是「義」，沒有無可奈何的「命」，哪能顯示堅持努力「義」的可貴？針對孔子如何回應天命的努力，本書另有主題討論，這裡不再贅述。

　然而孔子有次說：「我不想說話了。」子貢說：「如果您不說話，我們該學什麼呢？」孔子回答：「天說過什麼嗎？四季一樣運行，萬物一樣生長，天說過什麼嗎？」⑫這裡的「天」有些曖昧，祂可以是有意志的天，也可以是

---

⑪ 子路宿於石門。晨門曰：「奚自？」子路曰：「自孔氏。」曰：「是知其不可而為之者與？」（《論語・先進》）

⑫ 子曰：「予欲無言。」子貢曰：「子如不言，則小子何述焉？」子曰：「天何言哉？四時

自然的法則，或許孔子接受傳統的天道觀之餘，也不排斥自然法則的解釋。其實早在《詩經》時代就有這樣的觀念了，所以孔子偶爾說出也算正常，不足爲奇。

行焉，百物生焉，天何言哉？」（《論語・陽貨》）

2. 怎麼回應老天爺的決定？

我記得，中國思想史的書中總是強調孔子「義命分立」的觀念，這是他偉大的思想之一。

什麼是「義命分立」呢？其實「命」就是外在客觀的限制，比如生命長短、富貴貧賤、成敗得失、身分地位等，我們無法左右，卻已經現實存在的東西。「義」則是內在的主觀抉擇，通常涉及對不對、該不該、可不可以的判斷和行動，判斷的依據可能是道德、教義、知識、哲理等，我們有選擇的權利。

在神權至上的年代，「命」就等於「義」，反正老天爺說啥就是啥，身爲凡人的我們只能遵從，否則會有懲罰。至於誰來告訴我們老天爺的意思？放心好了，一大堆的巫師、祭司或接收神諭的人會代勞，咱們一般人照著做就是了。

重回歷史現場，目睹殷商這麼大的帝國，最後竟然被邊陲小諸侯國的周給滅了，說好的千秋萬代，有老天爺護佑的殷商呢？人們開始不相信神諭（或是存疑）了。與此同時，既然老天爺捉摸不定，人的自由選擇和存在價值就獲得重視。

所以周代初期就已經有「天道遙不可及，人道切近可行」（「天道遠，人道邇」）的呼籲，而周公的制禮作樂就是回應「人道」至上的實際政治作爲。但是「天道」就沒人關心了嗎？當然不是。

當時的思想家不排斥「天道」，卻更在意如何妥善處理「天道」和「人道」之間的關係，也就是面對「命」和選擇「義」的態度。在這股大趨勢之下，孔子的作法是尊重「天道」，但存而不論，卻在「人道」上面下功夫，而且以仁義道德充實「人道」的內涵後，將「人道」的合理性分析優先於「天道」的探究。

換言之，凡事只要適合「義」的，人們就該去做，至於關乎成敗的「命」到底如何，根本不在考慮之內。

考察一下《論語》的記載，孔子提到「天」的次數還眞不少，而且和傳統的觀念很接近。這個「老天爺」是個有意志的主宰，祂會賞善罰惡，而且祂決定的趨勢或規律，人力根本無法改變，只能去接受它。

因此，孔子屢次提到作爲一個讀書人要知「天命」，他就自述「五十而知天命」⑬，而且認爲君子要敬畏「天命」⑭才行。我看到許多注家把「天命」解釋爲「自然的規律」，實在很難認同，因爲《論語》中極少這樣的觀點，更何況孔子的「知天命」和「畏天命」，顯然不是掌握一個客觀的法則而已，而是了解有意志、賞善罰惡的「天」的性格和決定後，所採取的對應之道。

孔子心目中的老天爺有什麼內涵，本書會在另外一個主題中討論，我們在這裡更在意的是：在孔子心中這麼傳統意義的老天爺下，讀書人該怎麼因應呢？該做的事就去做，不去在乎成敗得失，自己能掌握的必須徹底實踐，不能控制的、無法預知的，就交給老天爺去安排吧！《論語》中所謂「知其不可而爲之」、「不怨天，不尤人」等說法，就是「義命分立」觀念的最好詮釋。

知道了這些後，我們再回到《論語》的篇章之中，看看孔子遇到危難困境時的反應吧！孔子周遊列國時，曾在宋國被司馬桓魋追殺，但很諷刺的是，當時宋國的君主宋景公其實很希望孔子留下來輔佐他，而且桓魋的弟弟司馬牛還是孔子的弟子呢！

面對生死困境時，孔子說：「老天賦予我高尚的品德，桓魋能對我怎麼

⑬子曰：「吾十有五而志于學，三十而立，四十而不惑，五十而知天命，六十而耳順，七十而從心所欲，不踰矩。」（《論語・為政》）

⑭孔子曰：「君子有三畏：畏天命，畏大人，畏聖人之言。小人不知天命而不畏也，狎大人，侮聖人之言。」（《論語・季氏》）

樣？」⑮我傻眼了，難道孔子想拿這老天爺給的德行感化桓魋嗎？還是希望桓魋看到孔子高尚德行，就夾著尾巴逃走了？很遺憾的，事實是孔子一行人慌忙逃走。

第二次危機是有名的「子畏於匡」。魯國權臣陽虎和孔子長得很像，弟子顏刻還曾爲陽虎駕車，所以匡人見孔子一行人經過，就直覺是曾經讓他們家破人亡的魔鬼陽虎又來了，便聚集鄉人圍住孔子，想要報復，最後靠衛國官員協助，終於澄清了誤會。

面對這次困境時，孔子說：「文王死了之後，文化的傳統不就由我繼承嗎？如果老天爺要滅絕文化，就不會選擇由我繼承了。老天爺如果不滅絕文化，匡人能對我怎麼樣？」⑯又來了，面對桓魋是靠道德服人，對匡人則自許有文化護體。雖然可能被人咒罵汙衊聖賢，但我很想說孔子的想法是對牛彈琴，對解決困境沒有任何幫助，純粹是一種「精神勝利法」罷了。

可是我回頭一想，如果孔子認爲老天爺的決定能幫他度過難關，而且所憑藉的是道德和文化，那麼「命」和「義」兩個範疇還是分立的嗎？換言之，如果解除困境與否是老天爺決定的，「命」就是老天爺的命令，孔子回應老天爺

---

⑮ 子曰：「天生德於予，桓魋其如予何？」（《論語．述而》）

⑯ 子畏於匡，曰：「文王既沒，文不在茲乎？天之將喪斯文也，後死者不得與於斯文也。天之未喪斯文也，匡人其如予何？」（《論語．子罕》）

的「命」時，靠得是承載著道德和文化使命的「義」，所以面對困境依然心安理得，這不是意味著孔子把「命」和「義」結合起來了嗎？（有道德和文化就能化險爲夷）

我私下揣摩，如果孔子堅持「義命分立」的立場，他該說什麼話呢？或許是「只要我們行得正、做得穩，心安理得就行，至於惡人桓魋（或匡人）會對我們怎麼樣，就交給老天爺去決定吧！」這段話雖然沒有原文的煽情，看不出孔子天縱英明的天命有多偉大，卻更符合大家「義命分立」的共識吧！

我相信，孔子雖然有「知其不可而爲之」的勇氣，子路卻很清楚「道之不行，已知之矣」的現實⑰，難道孔子不知道？所以只靠道德嚇走桓魋，或是有文化護體的說法，不是《論語》編撰者杜撰，就可能是孔子給大家打氣的話，不必當眞。原因無他，孔子眞正值得我們敬仰的不是那些大話，而是在面對老天爺安排、命運操弄時，我們仍然應該堅持自己的理想，無怨無悔，生命的價值從中獲得體現，信仰的眞理才越發可貴，他老人家不僅身體力行，也爲後世樹立了典範。

⑰ 子路從而後，遇丈人，以杖荷蓧。子路問曰：「子見夫子乎？」丈人曰：「四體不勤，五穀不分。孰為夫子？」植其杖而芸。子路拱而立。止子路宿，殺雞為黍而食之，見其二子焉。明日，子路行以告。子曰：「隱者也。」使子路反見之。至則行矣。子路曰：「不仕無義。長幼之節，不可廢也；君臣之義，如之何其廢之？欲潔其身，而亂大倫。君子之仕也，行其義也。道之不行，已知之矣。」（《論語‧微子》）

反觀我們這個世代，太辛苦了，總是想探知天意，所以不管科技多昌明、教育多普及，求神問卜的人總不在少數。很多人一大早得先上網看看今日星座運勢，才敢放心大膽出門，可是往往事與願違，占卜的結果常常讓人失望，接下來不是放棄，而是去找更厲害的占卜師，眞累！

其實這世上有太多我們該去做的事了，哪有這麼多的時間去搞這些？芸芸眾生，不爲名來，便爲利往，但幾個人能眞的功成名就、名利雙收呢？何不把取捨的標準放在「應不應該做」上，一旦成功了，名利是隨之而來的酬勞，身心都有尊榮感；如果不幸失敗了，名利雖然已經絕緣，就算強求也得不到，但至少心安理得，或者還有因堅持信念而產生的滿足感呢！孔子所示範「義命分立」的智慧，就在這裡發揮了作用。

3. 子路是教育失敗的結果？

看到這樣的標題，很多人應該會大驚失色，孔子是至聖先師、萬世師表，怎麼可能教育失敗呢？大家先別急，且聽我慢慢道來。

在《論語》的內容中，孔子和這位只小他九歲的學生互動次數很多，而且常常蘿蔔和棒子一起來，有時不吝惜誇獎他，見他因而驕傲，卻又不客氣的打擊他。如果孔子發現自己的負評使子路被看輕，馬上又變成救火隊，抬高他的身價。

就這樣，子路的下場是在衛國政變中慘死，甚至被砍成肉泥，搞得孔子再也不吃肉醬了。客觀來說，孔老師耗盡心力教育早看出已走偏的學生⑱，最後卻還是這樣的下場，您說不是教育失敗了嗎？

---

⑱ 閔子侍側，誾誾如也；子路，行行如也；冉有、子貢，侃侃如也。子樂。「若由也，不得其死然。」（《論語・先進》）

我們先來看看孔子是怎麼費心教育子路的。孔子說：「大道無法實現，願意和我乘木筏漂到海上的，大概只有由了吧！」子路聽了很高興。孔子便說：「由啊！他比我更喜歡武勇，其他就一無是處了。」[19]聽到老師誇獎自己，高興一下也是人之常情，孔子竟然馬上潑冷水，若非對這個弟子特別有期待，就是惡意打擊了，孔子的動機當然是前者。

有一次，孔子對顏回說：「如果受到重用就展現才幹，不受重用時就韜光養晦，只有我和你才做得到。」子路說：「老師您帶兵作戰，會找誰來輔佐？」孔子說：「徒手鬥猛虎，赤腳涉深河，仍然至死不悔的人，我不需要。一定要處事小心謹慎，懂得運用智謀取勝才行。」[20]原本想誘導老師讚美自己一下，想不到子路碰一鼻子灰，孔子爲什麼不順他的意，何不就當個好好老師呢？顯然他對子路是有期待的。

孔子類似這樣公開且直接批評子路的例子，《論語》中還不少，相對地，孔子批評子路後，因爲某些因素，有時也會來個神救援。孔子聽了子路的琴聲後說：「由，以你這種彈琴的方式，爲什麼要投到我的門下學習呢？」孔

---

⑲ 子曰：「道不行，乘桴浮于海。從我者其由與？」子路聞之喜。子曰：「由也好勇過我，無所取材。」（《論語・公冶長》）

⑳ 子謂顏淵曰：「用之則行，舍之則藏，唯我與爾有是夫！」子路曰：「子行三軍，則誰與？」子曰：「暴虎馮河，死而無悔者，吾不與也。必也臨事而懼，好謀而成者也。」（《論語・述而》）

門其他弟子從此不尊敬子路。孔子就說：「由的彈琴技巧已經很不錯了，只是還沒到達我的標準而已。」㉑不知孔子救援之後，孔門弟子們對子路的態度有沒有改變？但孔子的確很在意子路的感受無疑，否則何必做事後的補充呢？

從這些資料看來，孔子的確很用心引導子路，但爲什麼他後來還是免不了步入絕境呢？除了孔子的觀察，我們不難從《論語》的記載中發現若干蛛絲馬跡。首先，子路是一位脾氣火爆的理想主義者，譬如孔子去見南子，子路就直接表現出不悅的態度，搞得孔子還得指天爲誓㉒。在陳國絕糧的時候，大家快撐不下去了，子路就直接抱怨難道君子也有窮困潦倒的時候嗎㉓？公山弗擾占據費城造反，召孔子前往協助，孔子想去，子路又不悅了㉔。這麼看來，子路也太容易不悅、太喜歡抱怨了吧！這幾次的對象還是他尊敬的孔子，如果換做他人，子路會怎麼發飆還很難說呢！

其次，子路絕對是一位個性衝動的人。子路請子羔擔任費市的市長。孔子

㉑ 子曰：「由之瑟奚為於丘之門？」門人不敬子路。子曰：「由也升堂矣，未入於室也。」（《論語‧先進》）

㉒ 子見南子，子路不說。夫子矢之曰：「予所否者，天厭之！天厭之！」（《論語‧雍也》）

㉓ 在陳絕糧，從者病，莫能興。子路慍見曰：「君子亦有窮乎？」子曰：「君子固窮，小人窮斯濫矣。」（《論語‧衛靈公》）

㉔ 公山弗擾以費畔，召，子欲往。子路不說，曰：「末之也已，何必公山氏之之也。」子曰：「夫召我者而豈徒哉？如有用我者，吾其為東周乎？」（《論語‧陽貨》）

說：「你這是誤人子弟啊！」子路回答：「有人民、有土地，何必讀書，才算學習呢？」孔子說：「所以我討厭像你這種強詞奪理的人啊！」㉕另外，孔子回答如果輔佐衛靈公，他會主張先「正名」，子路竟然嘲笑孔子迂腐，當下被孔子斥爲粗野㉖。個性衝動的人做事常不經過大腦，一下子就急於表達自己的意見，完全沒有考慮時空條件和他人的立場，子路就是這種人的代表。

再者，子路是個好大喜功的人，事事喜歡表現。每當孔子誇獎子路，子路就會表現出驕傲的態度，所以孔子不得不壓制他，上面已經有很多例子了，我就不再引述。此外，子路喜歡出風頭，有次孔子生病，子路讓同學當家臣。病情好轉後，孔子說：「由欺騙我很久了吧！我因去職沒有家臣，現在卻有了家臣。我要欺騙誰？難道欺騙老天爺嗎？而且與其讓家臣送終，我還不如讓弟子們送終。我就算得不到隆重的葬禮，難道會死在路邊嗎？」㉗

㉕ 子路使子羔為費宰。子曰：「賊夫人之子。」子路曰：「有民人焉，有社稷焉。何必讀書，然後為學？」子曰：「是故惡夫佞者。」（《論語．先進》）

㉖ 子路曰：「衛君待子而為政，子將奚先？」子曰：「必也正名乎！」子路曰：「有是哉，子之迂也！奚其正？」子曰：「野哉由也！君子於其所不知，蓋闕如也。名不正，則言不順；言不順，則事不成；事不成，則禮樂不興；禮樂不興，則刑罰不中；刑罰不中，則民無所措手足。故君子名之必可言也，言之必可行也。君子於其言，無所苟而已矣。」（《論語．子路》）

㉗ 子疾病，子路使門人為臣。病閒，曰：「久矣哉！由之行詐也，無臣而為有臣。吾誰欺？欺天乎？且予與其死於臣之手也，無寧死於二三子之手乎？且予縱不得大葬，予死於道路

以子路的個性，當然不可能讓孔子委屈，如果不幸大限已到，就算無官無職，他也會想辦法讓孔子風光大葬，而且這種事他絕不可能假手他人，一定要親力親爲的，再怎麼說他也是大師兄對吧？想不到孔子不領情，反而變成一場鬧劇。從這個事件我們就可以看出子路的性格。

最後，子路是一個崇尚武勇的人，他多次求教孔子，都提到了「勇」的話題，孔子雖承認他是個有勇氣的人，卻不給武勇很好的評價。譬如子路問：「君子崇尚武勇嗎？」孔子回答：「君子把道義放第一位。君子光有武勇沒有道義就會作亂，小人光有武勇沒有道義就會變成盜賊。」㉘就這樣，搭配前面提到的「暴虎馮河」對話，一心想靠武力逞凶鬥狠的子路形象，躍然紙上。

平心而論，子路的脾氣火爆、個性衝動、好大喜功、崇尚武勇，凡事喜歡強出頭的性格，在紛雜詭譎的政治環境裡，個個都是找死的行爲，難怪孔子早有預言。依照司馬遷《史記・仲尼弟子列傳》記載，蒯聵與孔悝作亂，驅逐衛出公，自立爲衛莊公，過程中子路聽說兩人作亂，便驅車前往衛都，路上遇到子羔，子羔勸他既然衛出公已經逃走，您還是快離開，免得遭到兵禍。

子路不聽，竟然還跑到蒯聵面前，要求他殺了亂臣賊子孔悝，蒯聵當然

乎？」（《論語・子罕》）

㉘ 子路曰：「君子尚勇乎？」子曰：「君子義以為上。君子有勇而無義為亂，小人有勇而無義為盜。」（《論語・陽貨》）

不聽他的，子路就要燒臺子，蒯聵派石乞、壺黶把子路拿下，打鬥中砍掉了子路的帽帶。子路說：「君子就算死也不能掉帽子。」於是，他就綁好帽帶赴死。平心而論，如果知道子路的上述四項性格後，就不意外他的選擇了，只不過後來的「結纓而死」，眞的有儒家弟子的風骨。

我們再回到孔子教育失敗的話題上。子路的性格很鮮明，我們可以輕而易舉地從《論語》中窺知一二。如果從子路的下場來看，孔子的確沒有改變子路的性格，我們不得不承認子路是孔門教育失敗的範例，但江山易改、本性難移，恐怕孔子也無力回天了。

但值得孔子欣慰的是，子路就算臨死也不忘儒家的教誨，堅持衣帽穿戴整齊。可是在孔子的心中，或許「結纓而死」只是末節，留下有用之身才是最要緊的吧！從另一個角度看，子路的衝動暴躁、好勇鬥狠，造成他的慘死恐怕不能光說是「命」，卻是事出有因的必然結局，孔子努力扭轉，已然盡到了老師的責任，卻還是改變不了這個看似命定的結局啊！

4. 為什麼給管仲兩面評價？

《論語》的內容中，孔子曾經評論過不少歷史人物，譬如講到商朝末年的大賢人伯夷、叔齊，他就說：「伯夷、叔齊不記舊仇，所以很少被人們所怨恨。」[29]連帶著還有「求仁而得仁」的評語[30]，在孔子眼中，他們兩位根本就是零負評的完美存在。

一旦講到堯帝，孔子就說：「堯當君主眞偉大，巍峨崇高，像老天爺般廣大無邊，應該把堯當作效法對象。恩澤廣遠，無法用言語形容。巍峨崇高，功業盛大，他所創立的典章制度，也是文采燦然。」[31]這完全是瘋狂粉絲對偶像

㉙ 子曰：「伯夷、叔齊不念舊惡，怨是用希。」（《論語・公冶長》）

㉚ 冉有曰：「夫子為衛君乎？」子貢曰：「諾。吾將問之。」入，曰：「伯夷、叔齊何人也？」曰：「古之賢人也。」曰：「怨乎？」曰：「求仁而得仁，又何怨。」出，曰：「夫子不為也。」（《論語・述而》）

㉛ 子曰：「大哉，堯之為君也！巍巍乎！唯天為大，唯堯則之。蕩蕩乎！民無能名焉。巍巍

的激情讚美，在孔子的心中，堯的地位幾乎能與老天爺比肩，創造的功業也不是後世君主所能企及的。

事實上，不只堯帝，舜、禹、般高宗、文王、武王、周公等古聖先王，孔子都有非常高的評價，另外還有子產、泰伯、史魚、師摯，微子、箕子、比干、祝鮀、仲叔圉、公孫賈、寧武子、令尹子文、陳文子、孔文子、孟子反、公叔文子、齊桓公、籧伯玉、柳下惠、左丘明等，也獲得孔子正面的評價，大家可以從《論語》中輕易找到。

另外，包括羿、奡、宋朝、祝鮀、陳恆、接輿、長沮、桀溺、微生高、晉文公、齊景公、孟公綽、臧文仲、臧武仲等人，則是得到了孔子負面的評價。眼尖的您可能發現了，這兩組名單中有一人是重複的，那就是衛國的祝鮀，孔子一邊讚美他，一邊又貶低他，是《論語》中很特殊的評價案例。

孔子認爲衛靈公是個無道之君。季康子問：「既然如此，衛國爲什麼沒有敗亡呢？」孔子回答：「有仲叔圉接待賓客，祝鮀管理宗廟，王孫賈統帥軍隊，像這樣，怎麼會敗亡呢？」㉜請注意！祝鮀有管理宗廟的能力，也是安定衛國朝野的柱石之一，孔子這樣評論他，顯然是十分看重他的施政能力。

乎！其有成功也；煥乎，其有文章！」（《論語・泰伯》）

㉜ 子言衛靈公之無道也，康子曰：「夫如是，奚而不喪？」孔子曰：「仲叔圉治賓客，祝鮀治宗廟，王孫賈治軍旅。夫如是，奚其喪？」（《論語・憲問》）

相反的，孔子卻說：「沒有祝鮀的口才，或是宋朝的美貌，恐怕很難在這個世道裡免於災難。」㉝在孔子的感嘆之下，大概不會有人認為祝鮀的口才和宋朝的美貌是讚美吧！其實這好像是每個時代的通病，口才好、顏值佳本來就是政壇寵兒，只不過孔子不屑而已。相較於孔子對其他人物的單一評價，他對祝鮀又讚美又不屑的判斷，實在很特殊，頗值得我們推敲。

事實上，獲得孔子正反兩面評價的不只有祝鮀，還有一位很重要的人物——管仲。孔子對他捧上了天，因為管仲是孔子少數認證的「仁者」之一，相反的，孔子也對他猛烈抨擊，管仲不知禮的行為可說和亂臣賊子季氏有得比，令人不齒。如果孔子對祝鮀的兩面評價讓我們驚訝，管仲所受到的正反極端論斷，更是讓我們覺得不可思議。我不禁想問：孔子為什麼要這樣做？他特殊評價方式的背後，是不是想樹立什麼論人的典範嗎？

管仲戲劇性的一生，往往是後人津津樂道的話題，這裡面有他為了輔佐公子糾，差點射死公子小白，也就是後來的齊桓公，想不到聽了鮑叔牙的建議，齊桓公不僅放了管仲，還委以大位，尊稱為仲父。另一個故事則是管仲幫助平庸的齊桓公九合諸侯、一匡天下，讓齊國成為春秋時的第一個霸主。管仲是後世能臣幹吏的典範，他在齊國推行的政務，甚至成為先秦法家的一個重要流派。

㉝ 子曰：「不有祝鮀之佞，而有宋朝之美，難乎免於今之世矣！」（《論語・雍也》）

這麼有爭議性的大人物，又距離孔子的時代不久，當然是孔門的教材之一，所以管仲就變成《論語》中常見的歷史人物了。我們先來看看負面的評價。孔子說：「管仲的器量眞是狹小啊！」有人問：「管仲是個簡樸的人嗎？」孔子回答：「管仲有三個辦公室，而且家臣一人管一事，不會身兼數職，怎麼算是個簡樸的人呢？」再問：「那麼管仲知禮嗎？」孔子回答：「齊侯的宮室有屏風，管仲家裡也有；齊侯爲接待他國君主，國宴設有酒臺，管仲自己也做了一套。如果管仲知道禮爲何物，還有誰不知道禮呢？」㉞

容我先解釋一下這段對話的內容。管仲掌握齊國朝政，當然是權傾一時，但有三個辦公室和一堆家臣，對孔子來說就是奢侈，如果是個簡樸的人，一個辦公室就夠了，不管官做得多大，都應該讓家臣身兼數職，盡量減少人事成本才對啊！至於樹立屏風和酒臺，完全是齊侯等級的才能有，管仲身爲卿大夫，主子有一套自己也有一套，簡直大逆不道！正如同孔子看到季氏家宴中，竟演出周天子專用的八佾舞，完全無法忍受㉟。所以在孔子眼中，管仲就

㉞ 子曰：「管仲之器小哉！」或曰：「管仲儉乎？」曰：「管氏有三歸，官事不攝，焉得儉？」「然則管仲知禮乎？」曰：「邦君樹塞門，管氏亦樹塞門；邦君為兩君之好，有反坫，管氏亦有反坫。管氏而知禮，孰不知禮？」（《論語．八佾》）

㉟ 孔子謂季氏：「八佾舞於庭，是可忍也，孰不可忍也？」（《論語．八佾》）

是個奢華的權臣，以及大逆不道的禮樂制度破壞者，糟糕透了。

相反的，孔子又給管仲極高的評價。子貢說：「管仲不是仁者吧？齊桓公殺公子糾時，不能爲其殉節，卻又輔佐桓公。」孔子卻提出相反意見：「管仲輔佐齊桓公，稱霸諸侯，一統天下，人民直到現在還受到他的恩惠。沒有管仲的努力，我們就像野蠻人一樣披髮穿左衽的服飾了。哪像一般的愚蠢男女拘泥於小信小義，在小水溝裡自殺，還沒人知道呢！」㊱

在孔子眼中，管仲如果選擇爲公子糾殉節，和他之後的大事業相比，不過是小信小義罷了，更何況有人民因而受惠、文化得以延續的大功德在，任何道德上的小瑕疵，都不值一提了。

又有一段讚美管仲的記載是這樣的，子路問：「齊桓公殺了公子糾，召忽殉節而死，管仲不願意赴死。他不算是位仁者吧？」孔子回答：「桓公九合諸侯，靠的不是武力，這都是管仲的功勞。這就是仁！這就是仁！」㊲這是個不得了的評論，儘管孔子不斷說「仁」唾手可得，只要願意，便很容易掌握，他卻不敢自稱爲仁者，連季康子請教幾位弟子是不是仁者時，他也連說幾

㊱ 子貢曰：「管仲非仁者與？桓公殺公子糾，不能死，又相之。」子曰：「管仲相桓公，霸諸侯，一匡天下，民到于今受其賜。微管仲，吾其被髮左衽矣。豈若匹夫匹婦之為諒也，自經於溝瀆，而莫之知也。」（《論語・憲問》）

㊲ 子路曰：「桓公殺公子糾，召忽死之，管仲不死。」曰：「未仁乎？」子曰：「桓公九合諸侯，不以兵車，管仲之力也。如其仁！如其仁！」（《論語・憲問》）

個「不知道」，可見孔子不輕易給「仁者」的評價，如今卻給評價兩極的管仲「如其仁！如其仁！」的讚美，實在不可思議！

我認爲孔子同時給管仲非常不堪的評語，卻又道出極高的讚美，或許是想告訴後人評論不能太單向，看到一點善行，就認爲他是聖人；得知一點惡行，就覺得他無可救藥。人非聖賢，也非惡魔，所以眞的要認識一個人，給予中肯的評價，就該把正反兩面同時攤出來，才是眞相。

尤其像管仲這樣的人，在當時的亂世之中能做出經世濟民的大功業，已是十分難得，孔子不想掩飾對他的讚賞。但管仲絕非白璧無瑕，客觀指出他的無禮僭越之處，才是一個平實的評論態度。

反觀我們常莫名的堅持非黑即白的觀念，認爲三級貧戶之子一定非常清廉，結果上臺後貪汙數億；含金湯匙出身的人必然揮霍無度，事實卻非如此。深信外國名校畢業的高材生一定是治國良才，卻無奈是庸懦無能；相信滿口溫馨話語、舉止溫婉的人當然會爲國爲民，結果搞得怨聲載道、民不聊生。更別說我們日常生活中覺得帥哥美女一定道德崇高，長得凶惡醜陋的絕對道德淪喪……。試問，如果接受了前文中孔子論人的作法，這些莫名其妙的偏見怎會出現呢？

5. 面對弟子們死亡的時候？

孔子和弟子們的關係非常密切，甚至可以說是休戚與共，一人得道，雞犬升天。孔子擔任中都宰和大司寇，弟子們就是家臣或外放官員，一人被排擠，大家流浪，孔子被季氏趕走，弟子們就跟著周遊列國，幾生幾死，卻不離不棄。從這個角度看，他們完全就是個緊密結合的利益團體。

孔子和弟子的互動，並不是一般想像中的課堂見面，下課走人，老師拿多少鐘點費上多少課，學生修多少學分才能畢業，不然就得乖乖待在教室裡學習。周遊列國並不是浪漫的結伴踏青，先不說長達十幾年的流浪，途中遇到如匡地被圍、桓魋追殺、陳蔡絕糧，九死一生，師生之間早已有生死與共的戰友情誼了。

既然有這樣的現實和情感的背景，孔子在面對弟子先他而去時，白髮人送黑髮人，當然不免萬分悲痛，這份情感甚至超越父子之情。所以《論語》中沒看到孔子對其子孔鯉死亡的反應記載，卻大多是對他死去弟子的哀悼，《論語》編撰者的用心，由此可見一斑。

人非草木，孰能無情？更何況是同生共死，矢志追隨的弟子們，就算超凡入聖的孔子也難免悲傷痛惜的吧！然而我不只想知道孔子的傷痛，更想了解孔子在傷痛之餘做了什麼？換言之，在面對不可扭轉的命運時，痛失摯愛的弟子，他老人家還能堅持些什麼呢？

話說冉伯牛有病，孔子前去探望他，而且從窗戶去牽他的手說：「伯牛快死了吧！是命該如此吧！這樣的人竟然會得這樣的病！這樣的人竟然會得這樣的病！」㊳冉伯牛曾追隨孔子周遊列國，不肯稍離，而且位列德行科資優生名單，可見與孔子的關係十分密切。

孔子探望冉伯牛，卻只能在窗口看他，我推測伯牛可能罹患傳染性惡疾，已經無法外出見人，孔子卻仍伸手去牽他的手，可見他們非常親暱。但孔子仍然無可奈何的嘆說一切都是命，而且反覆大呼「這樣的人竟然會得這樣的病！」好人不是該有善報嗎？怎麼伯牛會有這樣的下場呢？孔子悲痛之餘，不得不承認好人不一定有好報，有德行的人未必能富貴長壽啊！

另一位早夭的弟子是顏回，孔子的反應更大了。這也難怪，顏回是孔子認證唯一好學的弟子，他的「聞一以知十」，連孔子都自嘆不如，尤其他的安貧

㊳ 伯牛有疾，子問之，自牖執其手，曰：「亡之，命矣夫！斯人也而有斯疾也！斯人也而有斯疾也！」（《論語・雍也》）

樂道，更是被孔子讚嘆不已，可惜他才四十歲就去世了，讓孔子悲痛萬分。

《論語》是這麼記載的：顏淵死了，孔子哭得非常傷心。身邊的人說：「您不要過於傷心了。」孔子回答：「我有過於悲傷嗎？不爲他悲傷，我還能爲誰悲傷？」[39]不僅如此，顏淵死了，孔子還悲痛大喊：「老天爺要我的命啊！老天爺要我的命啊！」[40]我想，誰都不能懷疑孔子對顏回的感情很深，這種哀痛呼天的表現，恐怕只有出現在摯愛的親人逝去之時，孔子卻對學生展現出這樣的濃烈情感，實在非常動人。

然而另外兩段記載卻讓人傻眼。顏淵死了之後，他的父親顏路請求孔子把車賣掉，以籌集兒子入殮棺槨的費用。孔子說：「有沒有才能，都是自己的兒子。我的兒子孔鯉去世，同樣有棺沒有槨。我不會爲了給他棺槨，賣掉車子。因爲我當過大夫，不可以步行。」[41]

讀了這段記載後，大概很多人會質疑孔子對顏回的愛，我們先別管顏路爲什麼不去向有錢的子貢同學募款，如果還要賣車子才有錢，孔子恐怕也不太富裕，這麼向老師要錢好嗎？奇怪！

㊴ 顏淵死，子哭之慟。從者曰：「子慟矣。」曰：「有慟乎？非夫人之為慟而誰為！」（《論語．先進》）

㊵ 顏淵死。子曰：「噫！天喪予！天喪予！」（《論語．先進》）

㊶ 顏淵死，顏路請子之車以為之**槨**。子曰：「才不才，亦各言其子也。鯉也死，有棺而無**槨**。吾不徒行以為之**槨**。以吾從大夫之後，不可徒行也。」（《論語．先進》）

孔子說自己的兒子孔鯉去世時，也沒賣車籌棺槨錢，所以他不會為顏回的棺槨賣車，很合理。但我不知道《論語》編撰者放「有沒有才能，都是自己的兒子」的用意為何，因為這兩句很突兀，怎麼都無法和孔子接下來的語境相符！倒是最後的「因為我當過大夫，不可以步行」，完全道出了孔子的堅持。

我認為孔子的作法是正確的，顏回去世，他悲慟莫名，完全不加掩飾，這是他的真誠情感，即使呼天搶地、捶胸頓足也無妨，畢竟他痛失愛徒，沒什麼好責難的。但回過頭來，面對是不是把車賣掉為顏回購置棺槨時，孔子就必須回歸理性，評估這個決定是否正確、是否會帶來什麼影響。

我曾經在別的主題提出「義命分立」是孔子非常重要的觀念，面對顏回去世的事來說，天不假年，無可奈何，孔子只能藉抒發情感來回應這個事實，這是「命」的部分。顏回既然去世，因為沒錢買棺槨而賣掉自己的車子，讓自己變成一個不合禮制的人，這麼做對嗎？這是「義」的部分。孔子最後沒有一時衝動，把「命」和「義」混同起來，讓感性操縱了理性，這便是所謂的「義命分立」。

有了這樣的認識後，《論語》的另一段記載就容易理解了。顏淵死了，同學們想厚葬他，孔子說：「不可以。」同學們還是厚葬了他。孔子知道後說：「顏回把我當作父親，我卻不可以把他當作兒子。不是我要厚葬他的，是

我那些弟子們做的。」㊷

孔子一句「我卻不可以把他當作兒子」的話，似乎很絕情，但顏回本來有父親，自己怎能冒名？更何況孔子作爲老師，教學中不斷強調倫理分位、名正言順，顏回家貧，比自己的父親死得早，又是庶人身分，本不該厚葬，孔子如果同意或默許，不就說一套做一套，他還配爲人師表嗎？當然這已經是把因顏回死而悲痛的情緒放一邊，理性的討論厚葬該不該的思考了。

或許有人覺得我莫名其妙，但我覺得《論語》的這兩段記載太棒了，因爲看似絕情的對話內容，卻完全彰顯孔子的偉大之處。我認爲對話的內容也集中呈現了儒家思想的可貴之處，這裡面既有感性的成分在，卻不妨礙理性的倫理道德式抉擇。人們對儒家有不同的看法，往往都有充足的理由支持，譬如有人說儒家爲傳統封建王朝效命、有人說儒家給傳統讀書人樹立人生方向、有人說儒家給中國人一套安身立命的良方……。

但對我而言，或許儒家可貴的是提供我們一個看待世界的態度。我們眼前是一個紛雜多變的世界，如果不願離群索居，始終得面對並因應一切，怎麼辨？儒家思想便給我們一組不廢知性和感性，卻又相對理性的作法，我相信這是我們學習儒家的最大理由。

㊷ 顏淵死，門人欲厚葬之，子曰：「不可。」門人厚葬之。子曰：「回也視予猶父也，予不得視猶子也。非我也，夫二三子也。」（《論語・先進》）

6. 您相信孔子是這種人嗎？

《論語》有兩段很奇怪的記載，我看了之後覺得如果是真的，孔子恐怕有分裂性人格，因爲記載中他的言行嚴重摧毀了我的印象，我甚至懷疑，他還是那位「知其不可而爲之」的偉人嗎？

魯國季氏權臣公山弗擾占據費邑造反，派人來召孔子，孔子想要前往。子路不高興的說：「沒人找您就算了，何必去公山弗擾那裡呢？」孔子說：「公山弗擾派人來召我是假的嗎？如果有人肯任用我，我難道不能幫他再創造一個強大的東周嗎？」[43]仔細一看，我認爲這段文字敘述的破綻不少。

首先，公山弗擾與陽虎狼狽爲奸，陽虎多次被孔子拒於門外，難道公山弗擾不知道？當然知道。孔子反問子路說難道徵召是假的嗎？天知道，公山弗擾

[43] 公山弗擾以費畔，召，子欲往。子路不說，曰：「末之也已，何必公山氏之之也。」子曰：「夫召我者而豈徒哉？如有用我者，吾其為東周乎？」（《論語．陽貨》）

可能只是試探，未必是眞想徵召孔子。

其次，公山弗擾召孔子，孔子馬上想去效命？這顯然與他的「危邦不入，亂邦不居」㊹的主張是相反的。事實上，當孔子一行人在衛國時，君夫人南子和蒯聵爭鬥，還沒開打，孔子想都不想就離開了，如今公山弗擾據地造反，已成亂局，孔子還去湊熱鬧？實在不可思議。

再者，記載中孔子最後兩句話尤其令人費解，「如果有人肯任用我，我難道不能幫他再創造一個強大的東周嗎？」姑且不論「良禽擇木而棲」，孔子如果是個飢不擇食，有人願意用他就好，早在衛靈公治下就安家落戶了（有俸粟米六萬石），何必周遊列國十四年？更何況幫一個造反的卿大夫家臣？還想創造一個強盛的大一統國家？擺明是襄助逆賊的惡行吧！如果這是事實，孔子自己平常宣講的倫理何在？道德又是個什麼東西呢？

有人說公山弗擾就是公山不狃，據《左傳》記載，公山不狃的確造反了，但他從未召孔子來幫自己。事實上孔子也不可能幫他，因爲孔子當時擔任大司寇，就是負責剿滅他的，後來公山不狃之亂也眞的被孔子平定了。

有人又說公山弗擾不是公山不狃，而是另有其人，《左傳》沒有記錄這段史實罷了。但我認爲不可能，造反的事很大，史官不可能不記錄，更何況如果

㊹ 子曰：「篤信好學，守死善道。危邦不入，亂邦不居。天下有道則見，無道則隱。邦有道，貧且賤焉，恥也；邦無道，富且貴焉，恥也。」（《論語・泰伯》）

還有孔子這號大人物入夥，這種勁爆消息怎會被大家忽視？所以後世學者如趙翼的《陔餘叢考》和崔述的《洙泗考信錄》，都認爲這段記載是子虛烏有。

另一段記載更精彩，晉國趙氏家臣佛肸召孔子輔佐他，孔子想去。子路說：「以前我聽您說，『做了壞事的人那裡，我是不去的。』佛肸占據中牟造反，您卻要前往，原因是什麼呢？」孔子回答：「對，我曾經說過。你沒聽過堅硬的東西嗎？怎麼磨都磨不壞；沒聽過潔白的東西嗎？怎麼染都染不黑。我難道像瓠瓜一樣嗎？怎能永遠掛在那裡不讓人吃呢？」㊺

奇怪，怎麼造反的人特別喜歡找孔子出山？而且孔子還特別想去呢？佛肸和公山弗擾兩段記載都在《陽貨》篇，只是隔著一章，可見編撰者可能是同一個人，似乎很急於表現孔子的用世之心，只是沒把效忠的對象找好，說詞也很怪異罷了。這麼一來，反而糟蹋了孔子的聖人形象。

就我來看，佛肸召孔子這段記載也是漏洞百出，不僅孔子不可能爲公山弗擾效力的理由，在佛肸這裡都成立，而且「堅硬的東西磨不壞，潔白的東西染不黑」的比喻，強調的是出淤泥而不染的高貴品格，但那是指不可改變的外在環境，無可奈何。相反的，如果孔子是自己想去輔佐佛肸，把自己投身於惡劣

㊺佛肸召，子欲往。子路曰：「昔者由也聞諸夫子曰：『親於其身為不善者，君子不入也。』佛肸以中牟畔，子之往也，如之何！」子曰：「然。有是言也。不曰堅乎，磨而不磷；不曰白乎，涅而不緇。吾豈匏瓜也哉？焉能繫而不食？」（《論語．陽貨》）

環境（孔子自己也承認），不像是被逼的，這樣的比喻還能成立嗎？恐怕不行吧！

我還看到一些奇怪的解讀，他們認爲孔子離開衛國後迫於前途無望，經濟窘困，所以不得已爲佛肸效力。是這樣的嗎？那陳蔡絕糧時，孔子回答憤憤不平的子路時說：「君子雖窮，卻固守道義；小人窮困，就一蹶不振，完全沒有原則了。」㊻豈不是說一套，做一套了？天啊！您願意接受這樣投機反覆的聖人嗎？我實在無法接受。

孔子曾說過：「富貴如果可以追求的話，就算當個手拿馬鞭的車夫，我也願意去幹；如果不值得去追求，就根據我自己的原則去判斷吧！」㊼能不能富貴，那是「命」，可求不可求就涉及到「義」的判斷，所以後來就有當車夫或是「從吾所好」的決定。因此，當生命中的富貴機會到眼前，並不是迫不急待的迎上去，因爲還有自己的道德底限在把關，這就是孔子的主張，也正是他教化千秋萬代的金科玉律。

我們所熟知的《論語》，應該是儒家的弟子們所寫的無疑，卻絕對不可能

㊻ 在陳絕糧，從者病，莫能興。子路慍見曰：「君子亦有窮乎？」子曰：「君子固窮，小人窮斯濫矣。」（《論語・衛靈公》）

㊼ 子曰：「富而可求也，雖執鞭之士，吾亦為之。如不可求，從吾所好。」（《論語・述而》）

是孔子的弟子，也不會是同一個時代、同一群人的結晶。沒錯！就是這樣，我們手中的這本經典是拼湊而成的，很多內容可能是執筆的人猜想杜撰出來的，相形之下，偶爾的加油添醋已經算是客氣的了。

事實上，儒家的很多經典都有這種現象，古人這種「代聖立言」的壞習慣實在很糟糕，明知自己寫的沒人看，所以假託是孔子的話，搞不好糊塗的人還眞當經典來看，久而久之，竟然眞假難辨了。他們寧願違心的爲虛假的眞理塗脂抹粉，一旦有人想辨明，卻往往被扣上懷疑聖賢的大帽子。嚴格地說，他們雖然不能算是假新聞的製造者或宣傳者，其影響的程度和範疇卻比假新聞更爲嚴重。

想要不被蒙騙的話，我們該怎麼辨呢？我的建議很簡單，盡信書不如無書，讀任何經典時都要保留一定程度的戒心，不要聽人說好就馬上附和，也千萬不要懷疑自己的思辨能力，如果讀到有問題的地方，不妨大膽質疑，然後找證據支持自己的想法，這樣才能讀出屬於自己的體會。

《論語》就是本很好的道德入門實踐書，而且這本內容簡要是大家從小就非常熟悉的經典，只要花點心思，很容易就能進入書中的世界，找出屬於自己的心得。如果偶爾願意放下朝聖的盲從心態，您將因此讀出書中很多的問題，這或許會是您學習《論語》的智慧外，更大的收穫喔。

第5章

難道是從政者的邏輯嗎？

1. 我知道該節儉，然後呢？

現代人對各種禮俗之事能省就省，其實很符合孔子的觀念。作為禮樂的專家，孔子並不認為繁文縟節才是最好的選擇，反而把「節儉」視為實施禮樂的最高原則。但是眼下許多禮俗慢慢消失，或許是從能省則省的觀念衍生出來，難道這也是孔子希望的結局嗎？值得我們思考一下。

林放曾問孔子禮的本質是什麼？孔子的回答是：「這是個很重要的問題！禮儀，與其奢侈，寧願節儉；喪禮，與其盛大，寧願哀戚。」①，這段話讓我有點納悶，林放問的是禮的本質，孔子卻回答禮的實施，似乎有點答非所問，當然，如果把「本質」和「實施的原則」勉強畫上等號，也許說得過去。

很明顯的，孔子對禮儀之事比較偏向節儉，而且更在乎它的內在意義，也

① 林放問禮之本。子曰：「大哉問！禮，與其奢也，寧儉；喪，與其易也，寧戚。」（《論語・八佾》）

就是禮樂之宣洩、節制情感的意義。所以喪禮重在抒發、節制未亡人、親友的情感，而不是在盛大的場面。

眼下許多人在婚禮、喪禮時講究排場，當作是炫耀財富、權勢的舞臺，可知孔子的話有某種警惕的意思。那麼我們是不是可以這麼想，可能在孔子的時代裡，禮儀的排場已經開始變得奢華，反而不太重視內在的意義了？爲了探知眞相，我們還是得從《論語》裡面找答案。

孔子曾感嘆說：「前人所製作的禮樂，就像郊區的野人般質樸。後人製作的禮樂，則如士君子般雅緻。如果要我選擇哪個時期的禮樂，我會採用前人的。」②文中的「野人」可不是指未開化的人猿，而是指當時住在郊區，身分較爲低下的庶民，但孔子爲什麼寧可接受野人的質樸，而不要士大夫的雅緻呢？唯一合理的解釋就是士大夫的「雅致」已經淪爲奢華，相形之下，野人的「質樸」反而更可貴了。

《論語集注》中，程子的解釋就曾指出這種現象，他認爲前人的禮樂文質均衡兼具，到了後世反被認爲太過質樸，如野人般，卻不知後人的禮樂已經文過於質，卻認爲是君子本該如此③。「文」是指「外在的文飾」，「質」是

② 子曰：「先進於禮樂，野人也。後進於禮樂，君子也。如用之，則吾從先進。」（《論語・先進》）

③ 程子曰：「先進於禮樂，文質得宜，今反謂之質樸，而以為野人。後進之於禮樂，文過其

指「內在的精神」，「文質彬彬」便是強調「外在的文飾和內在的精神要均衡」，後人的禮樂顯然是「文勝質」了，所以孔子不取。

因此我們就知道孔子「寧儉不奢」的禮樂觀從何而來，其實完全是爲了扭轉時代風氣。後來荀子攻擊俗儒裝腔作勢、墨子批評儒家繁文縟節、韓非子指責儒者聽到人死很高興，終於可以在喪禮中大撈一筆，其實這些都不是孔子的忠實信徒，頂多是打著儒家旗號招搖撞騙罷了。

與禮儀崇尚奢華的時風相比，孔子如同一股清流，然而這股清流是否矯枉過正，節儉變成減省，省來省去，變成不重禮樂，或者是禮樂就此消亡呢？我們讀歷史知道先秦時期禮壞樂崩，大多起於諸侯卿大夫名不正、言不順的劣行，故而導致禮樂教化的名存實亡。但是名存實亡的禮樂至少還有名義上的存在，如果是因爲節儉所衍生減省，禮樂最終完全消失，或許才是最可怕的，孔子注意到這個危機了嗎？

話說由於魯文公已經不參加告朔之禮，沒有主祭人，這個禮儀已經名存實亡，所以子貢認爲可以廢除祭祀用的牲羊，孔子卻說：「賜啊！你愛惜這隻羊，我愛惜的卻是告朔之禮。」④的確，魯國君主來不來，孔子無法強求，但

質，今反謂之彬彬，而以為君子。蓋周末文勝，故時人之言如此，不知其過於文也。」（《論語集注・先進》）

④ 子貢欲去告朔之餼羊。子曰：「賜也，爾愛其羊，我愛其禮。」（《論語・八佾》）

只要堅持供奉祭祀用的牲羊，告朔之禮就能保留下來。試想，如果主祭的人不來，祭品也免除了，這個禮儀有人在乎嗎？哪天想恢復，還有人記得嗎？

其實子貢的想法也很正常，已經名存實亡的禮儀何必還保留著？何必浪費祭品？就算無法廢除這項禮儀，祭品總可以省下來吧？孔子的想法反而奇怪。如果把祭品省去，這個禮儀能保留下來嗎？恐怕很難，如果已經沒有準備祭品的心思了，久而久之，連禮儀本身也逐漸被人所遺忘，廢除就只是時間的問題了。

譬如從周朝時期就有的「成年禮」，男孩子滿二十歲有「冠禮」，在正式的戴帽儀式後便宣告爲成人，可以娶妻生子，成爲一家之主；女孩子則是十五歲有「笄禮」，在宗族長輩的見證下插上髮笄，以後就能爲人妻、爲人母，是人生的一大轉折點。這在宗族裡可是件大事，充滿儀式感的典禮中，在官宦、仕紳、親族、師友的祝福下，對年輕人的人生觀影響之鉅，可想而知。

明清之後，莫名其妙的，這樣的「成年禮」就慢慢消失了，反而受中華文化影響的日本、韓國卻還一直保存著。儘管相關報導強調外表的華麗裝扮，但一系列古已有之的祭天、拜禮、誓言等活動不廢，一代代的成年男女透過這樣的儀式，宣示自己已經能夠負起該有的社會責任了。

我們不妨回想一下，爲了種種理由，我們減省了多少固有的禮儀呢？如果哪天想要回復，得耗費多少大力氣呢？比如熱鬧喜慶的婚禮，傳統的儀式還剩多少呢？很多人選擇西式婚禮、宗教婚禮，有的更簡單乾脆，去法院公證結婚，就能以最快時間拿到具有法律效令的證書，就這樣，傳統文化便一點一滴地斷絕著。

您見過日本和韓國的傳統婚禮嗎？無論服飾、儀式、宴客、擺飾、場地等，都非常考究，號稱五千年文明的中國人卻是能省就省，好像多做了些就跟不上時代。而且年輕人似乎以違逆長輩期許爲榮，不屑傳統的婚禮，自以爲時尙前衛，實在莫名其妙。

很遺憾的，其他的禮俗也是，端午節不吃粽子，放假就好；中秋節不賞月吃月餅，全民烤肉；元宵節沒有花燈，改以煙火狂歡；重陽節不登高敬老，卻埋怨沒假可放……。反而是各種宗教活動昌盛，雖然它們也是中華文化的一部分，畢竟多點怪力亂神，還有民間各方勢力的角逐，再與政商結合之後，儼然成爲影響社會安寧的不定時炸彈。反觀其他國家的文化禮俗、祭典已成爲民族象徵，大多無關名利，單純美好，年年不絕，著實令我輩汗顏。

禮樂儀文是孔子所重視的，無庸置疑，但《論語》講的實在不多，尤其關乎禮樂實踐原則的部分，隻字片語中，留下的疑問更多。這時可能有人認爲，不是有「三禮」嗎？《周禮》、《儀禮》、《禮記》三本書中不是有一堆說法嗎？沒錯！但我不太敢相信那是孔子的想法，因爲連《論語》的某些紀錄都不禁讓人懷疑，更何況這些書！

所以，我知道孔子認爲要節儉，禮樂不能奢華，他還告訴我們節儉不是要慢慢忘了禮樂，爲了保存禮樂，不能亂節省……，然後呢？

2. 仁需要禮，還是禮需要仁？

孔子說：「一個沒有仁心的人，就算能知禮行禮又如何呢？一個沒有仁心的人，就算能知樂奏樂又如何呢？」⑤我讀這段話後的第一個反應是，原來孔子希望「仁」作爲「禮」的內涵，所以在倫理之下談道德，便有一個堅實的內「仁」外「禮」的理論框架。

但我事後想想，周公制禮作樂時，可沒有思考仁不仁、義不義的，主要的目的只想建立一套以倫理關係爲基礎的和諧秩序而已。相對而言，孔子的仁義道德之說是事後加的，或者可以說是附在禮樂制度這個軀殼之上的，既然如此，孔子的「仁」是需要「禮」的，用現在的話說，「仁」是借「禮」這個殼上市的。

那麼如果「禮」對「仁」只是軀殼，「禮」就只有工具性的價值嗎？這個

⑤ 子曰：「人而不仁，如禮何？人而不仁，如樂何？」（《論語・八佾》）

問題聽在孔門弟子耳中一定很刺耳。但客觀地說，禮樂制度本來就存在著，它在當時最大的功能是區別上下等級、尊卑貴賤，仁義道德的思想出現前是這樣，仁義道德思想出現後還是這樣，在一般人心中其實沒有太大的改變。

沒有「禮」，「仁」根本找不到立足點，或者缺少築起思想大廈的基石，這是事實，但我真正關心的是「禮」眞的只有立足點，或是建築基石的功能嗎？換言之，孔子有沒有試圖改造「禮」的功能，讓它變成「仁」的好夥伴，進而成爲儒家道德修養的憑藉，而不是只有工具性的價值而已呢？

愛徒顏淵問「仁」是什麼，孔子回答：「克制自我，回歸禮教就是仁。有朝一日能克制自己，回復禮教的話，天下的人都會歸向仁的理想境界。要不要行仁是靠自己，哪能靠人協助呢？」顏淵接著問：「實際去做的話有哪些項目呢？」孔子說：「違反禮教的事不去看、不去聽、不去說、不去做。」顏淵回答：「我雖然不夠聰明，但是願意按照老師教誨地去做。」⑥

從這段話看來，「克己」表現在對自己視聽言動等行爲的控制，「復禮」則是把合不合「禮」當成視聽言動的標準，合乎禮，視聽言動無妨；不合乎禮，視聽言動一概禁止。這時「禮」已經不是行之有年的一套外在儀文而

---

⑥ 顏淵問仁。子曰：「克己復禮為仁。一日克己復禮，天下歸仁焉。為仁由己，而由仁乎哉？」顏淵曰：「請問其目。」子曰：「非禮勿視、非禮勿聽、非禮勿言、非禮勿動。」顏淵曰：「回雖不敏，請事斯語矣。」（《論語・顏淵》）

已，反而是人們行爲的準則了，所以「禮」等於「仁」，合「禮」的行爲就是「仁」了。

《論語》還有一段紀錄，孔子說：「恭敬卻沒有禮節的話，便白忙一場；謹慎卻沒有禮節的話，便容易膽怯；勇猛卻沒有禮節的話，便容易作亂；直率卻沒有禮節的話，便容易偏激。」⑦在這裡，孔子強調禮教發揮的是一種節制的功能，如果沒有這種節制，任何出發點良好的品行都容易偏失。因此，如果上述「克己復禮」的「禮」是某種靜態的行爲準則，這裡的「禮」便是有動態的節制功能，不只是把檢覈行爲的尺，還是專治過猶不及的良方。

從上面兩個例子來看，至少在行爲準則和節制功能上，「仁」是需要「禮」的積極介入，才能達成預期的目標。那麼「禮」需要「仁」嗎？誠如我們所說，「禮」畢竟先「仁」而存在，即使孔子把「禮」改造成「仁」的催化劑，「仁」對「禮」有何意義嗎？換句話說，「禮」會因爲孔子的「仁」出現後，而有存在意義嗎？想回答這個問題，就得談到「正名」的觀念了。

在孔子的眼中，春秋時期不存在著有沒有禮樂的問題，禮樂其實一直都有，卻已經淪爲政治野心者的工具，套句學者們最常說的話，叫「禮壞樂崩」或「周文疲弊」。春秋時期的禮樂爲什麼有崩壞、疲弊的問題呢？簡單的

---

⑦ 子曰：「恭而無禮則勞，慎而無禮則葸，勇而無禮則亂，直而無禮則絞。」（《論語・泰伯》）

說有兩個：執行出了偏差、沒有發揮應有的效果。

禮樂在執行上出了什麼偏差？周公制禮作樂時，爲了社會安定，便詳細規定什麼身分的人該做什麼事，周天子有天子該做的事，各級諸侯有諸侯的，卿大夫也是。如果諸侯做出天子該做的事，或是卿大夫做出諸侯該做的事，僭越自己的倫理分位，就會天下大亂，這便是執行出了偏差。

譬如孔子聽說魯國權臣季氏在庭中演出八佾舞，就狂罵：「如果這個能忍，還有什麼不能忍？」⑧這便側面反映出魯國君不君、臣不臣的政治亂局，君臣上下在禮樂制度應有的調劑效果，當然不可能顯示出來。

事實上，執行禮樂出了問題，自然發揮不出應有的效果，這是有因果關係的。

孔子又說：「當天下太平時，禮樂和征伐之事都由周天子主導；天下混亂時，禮樂和征伐之事則由諸侯主導。」⑨考察歷史，自周平王東遷之後，春秋五個霸主接連主持會盟征伐之事，再也沒有周天子什麼事了，比的是誰的拳頭大而已，而不是名分。正因如此，每到霸主交替之際，天下必然因爭奪權位而大亂，這也是執行禮樂出了問題，導致禮樂的和諧效果蕩然無存的明證。

---

⑧ 孔子謂季氏：「八佾舞於庭，是可忍也，孰不可忍也？」（《論語‧八佾》）

⑨ 子曰：「天下有道，則禮樂征伐自天子出；天下無道，則禮樂征伐自諸侯出。」（《論語‧季氏》）

因此孔子才提出「正名」的主張。子路對孔子說：「如果衛君請您主政，您會先開展些什麼？」孔子說：「一定要先確認其名分！」子路說：「是嗎？您太迂腐了，確認名分有什麼用？」孔子說：「仲由，你太粗野了。君子對他所不知道的事，通常會保留意見。名分不確認，說話就沒效用；說話沒效用，事情難成功；事情難成功，禮樂就無法興盛；禮樂無法興盛，刑罰就難以公正；刑罰難以公正，人民該怎麼安居樂業呢？」⑩

子路心中可能有很多施政的藍圖，所以覺得孔子的正名很迂腐，但在重視禮樂制度的孔子眼中，當下的政局混亂，就在於名分不確定、禮樂不彰顯，只要解決了名分，很多事自然水到渠成，不需太過勞煩。正名之後，孔子又強調：「君子以道義爲本質，以合乎禮的方式表現出來，以謙遜的態度傳達，以誠信完成任務，這就是君子啊！」⑪其實「遜」、「信」都是道德的行爲，但我們更關心的是孔子把「義」當成是「禮」的本質，不就正呼應了本文一開始「一個沒有仁心的人，就算能知禮行禮又如何呢？一個沒有仁心的人，就算能

---

⑩ 子路曰：「衛君待子而為政，子將奚先？」子曰：「必也正名乎！」子路曰：「有是哉，子之迂也！奚其正？」子曰：「野哉由也！君子於其所不知，蓋闕如也。名不正，則言不順；言不順，則事不成；事不成，則禮樂不興；禮樂不興，則刑罰不中；刑罰不中，則民無所措手足。」（《論語．子路》）

⑪ 子曰：「君子義以為質，禮以行之，孫以出之，信以成之。君子哉！」（《論語．衛靈公》）

知樂奏樂又如何呢？」的說法嗎？看來，「禮」是需要「仁」的內涵，否則只是個空架子。

因此我的結論是，「仁」需要「禮」提供行爲的準則，以及節制的功能，「禮」則需要「仁」的豐富內涵充實自身，否則只能淪爲空架子，孔子已經把它們緊密的融合在一起了。

現代人愈來愈不重視禮了，有時光羨慕異文化的禮俗，甚至願意積極參與，卻不知道，或不願意恢復固有的傳統禮俗，實在很矛盾。我猜想原因無非兩個：一是不新鮮、少刺激；一是怕隨之而來的禮教束縛，限制自由。殊不知在異文化裡存在千百年的禮俗，同樣的，對當地人而言有何新鮮、談啥刺激？他們的禮俗外表下，難道沒有教化的意義？當然有。

只是這代人對中華文化的陌生感、自卑感，所以寧可去追慕緣起於中國傳統的異文化（如韓國、日本），也不肯相信自己文化中的瑰寶。還有孔子以後的儒學家扭曲、極端化的禮教，使得它成爲千百年來中國人的惡夢，一提到禮教，就等於殺人利器的代名詞。

事實上，禮樂都是節制人的情性，它們的出現，自然而然，它們融入日常生活中，也是自然而然，如果沒有這番體認，禮樂就是應付事而已，能省則省。

3.古代的愚民政策是罪惡的？

當我發現有些學者拿著現代的思想，或者是不同領域的觀念解讀古代文獻時，總覺得怪怪的，不知今夕是何夕。更何況《論語》是兩千多年前的東西，長時間歷史的演變是事實，總不能視而不見，所以不管是用現代的文明成就去讚美或批評它，不是不行，卻得非常小心其適用性。

孔子說：「對於人民，可以讓他們跟隨。不必讓他們知曉。」⑫如果接受這樣的解釋（宋代大儒朱熹就是這麼說的），孔子便是一位極權政治的擁護者，完全無視於人民知的權益，身為一位萬世師表，他這種心態是可議的。因此歷史上很多知名的學者紛紛挺身辯駁，透過分文斷句或改變詮釋角度的方法，提出有利於孔子的各種意見。

例如晚清的康有為提出新的斷句法：「民可，使由之；不可，使知

⑫ 子曰：「民可使由之，不可使知之。」（《論語・泰伯》）

之。」意思是說如果人民認可，就讓他們跟著做；不認可，先讓他們理解，然後再跟著做。在這種說法下，孔子便考慮到了人民的意願，而且兼顧教化的使命，因此這應該算是粗具民主意識的解讀吧！

其後又有他的弟子梁啟超曾建議一種新的斷句法爲：「民可使，由之；不可使，知之。」事實上，這種解讀和康有爲的沒有太大差別，可視爲同一類。近代還有「民可使，由之不可，使知之。」意思是人民可以被驅使，但不可以放任不管，必須好好教育他們。這種說法似乎隱隱然也贊成威權政體的作爲，但與朱熹的說法不同之處，便在於放棄了愚民的主張。

另外又有兩種很接近的斷句法，一個是「民可使由之？不可，使知之。」另一個是「民可使由之？不，可使知之。」這兩種說法都傾向於孔子的自問自答，大意是「人民可以放任不管嗎？不行，應該要好好教育他們。」顯然是從道德教化的立場切入的，孔子是位投身教育的人，所以以教化的角度看待政治的行爲，也算是合理的解讀方式。

不可否認的，上述五種說法都算是言之成理，我們很難判斷其對錯。但是如果用現代的民主意識解讀時，難免讓人質疑那時有民主意識嗎？若以教化的立場談政治作爲，難道人民都是自己的學生嗎？怎麼教化呢？那時的人民有接受教化的能力嗎？因此這樣的解讀難以讓人信服，或者說根本沒有回到孔子的時代面對問題，畢竟跳脫歷史情境的詮釋方式總是讓人惶惶不安的。

該怎麼辦呢？我建議就拿《論語》的文本內容相互對比，看看朱熹「對於人民，可以讓他們跟隨。不必讓他們知曉。」（「民可使由之；不可使知之」）的解讀是否合理吧！

我認爲若要檢核朱熹的解讀是否合理，恐怕還是要回到《論語》的脈絡之中，看看孔子的施政言論中對人民是否有告知或教化的記載。比如孔子曾說過幾次「使民」這個詞，除了有時和「民可使由之；不可使知之。」的「使」一樣，作爲使役動詞，意思是「讓」，其他的「使」則是「命令」、「派遣」，「使民」就是命令、派遣人民的意思。如果孔子講「使民」的同時，還強調了告知和教化的重要性，那麼後世的不同解讀就能成立，否則朱熹的解釋應該算暫時成立，我們便可再進一步問爲什麼。

孔子說：「治理大國要勤勉有誠信，節省開支、愛護人民，派遣人民要考慮時機。」[13]這段話中沒有強調要告知、教化人民。另外一個例子是孔子評論子產，「有君子的四種品德：行爲謙虛、尊重君主、關心人民生活、派遣人民時合乎道義。」[14]很明顯的，這裡還是沒有說派遣前得告知或教化人民。

有次弟子仲弓問仁是什麼，孔子回答：「出門要像見貴賓一樣莊重，派遣人民則像安排大祭禮一樣謹慎。自己不想要的，不強加於他人。國內與人和睦相處，家裡面親人相親相愛。」仲弓說：「我雖然不夠聰明，但願意遵照老師

---

⑬ 子曰：「道千乘之國：敬事而信，節用而愛人，使民以時。」（《論語・學而》）

⑭ 子謂子產，「有君子之道四焉：其行己也恭，其事上也敬，其養民也惠，其使民也義。」（《論語・公冶長》）

的話去做。」⑮這段話提到了派遣人民時要謹慎小心，很可惜的，還是沒有告知或教化的相關敘述。

有人可能會問：難道孔子不主張施政時教化人民？當然有，但主要是道德行爲的引導或示範，而不是師生課堂說理式的曉知。譬如孔子說：「執政者愛護親屬，人民就會崇尚仁愛；不遺棄老朋友和舊事物，人民就不會冷漠無情。」⑯這是種道德行爲的引導或示範作用，並不是透過觀念的探討或曉知而得的。

季康子問孔子如何施政時說：「如果把壞人殺了，延攬好人，您覺得如何？」孔子回答：「您治理國家何必殺人呢？如果您爲善，人民就跟著爲善。領導者的品德像風，人民的品德像草，風吹草上，草必然隨風而倒。」⑰「風行草偃」是一種教化人民的方式無疑，儘管這裡沒提到命令或派遣人民，但施政成功的關鍵，還是取決於領導者的引導或示範作用，並沒有事先告知人民的任何行動。

因此我們大概可以確定，至少《論語》中沒有需要人民認可的問題

⑮ 仲弓問仁。子曰：「出門如見大賓，使民如承大祭。己所不欲，勿施於人。在邦無怨，在家無怨。」仲弓曰：「雍雖不敏，請事斯語矣。」（《論語．顏淵》）

⑯ 子曰：「……君子篤於親，則民興於仁；故舊不遺，則民不偷。」（《論語．泰伯》）

⑰ 季康子問政於孔子曰：「如殺無道，以就有道，何如？」孔子對曰：「子為政，焉用殺？子欲善，而民善矣。君子之德風，小人之德草。草上之風，必偃。」（《論語．顏淵》）

（「民可」或「不可」），也看不出來孔子有告知人民的主張（「知之」或「使知之」），更談不上課堂中討論式的教化，卻只有道德引導或示範的建議而已。或許朱熹的解讀更接近《論語》的整體脈絡。

爲什麼呢？很正常啊！春秋時期是君權的初期發展，往後的兩千年持續發展，到了明清算是顛峰，孔子那時候有君權至上的觀念無可厚非。但他加入了仁義道德的內涵，讓威權時代多點理性，勸執政者多爲人民創造福祉，反而值得我們欽佩，怎能用兩千多年後才有的民主意識去苛責呢？實在不可思議。

至於告知道理、教化人民更是無稽，先不說君權至上不容許挑釁，直到明清時代，全國百姓的識字率不到百分之一，兩千年前春秋時代的狀況如何，可想而知。就算孔子想這麼做，一般民眾聽得懂嗎？終日爲衣食而忙碌的人民，講這些東西有什麼意義嗎？現代人知識普及，對政治尚且冷感，在滿眼都是目不識丁，卻只爲下一頓吃飽飯而奔走的人面前高談闊論，只會換來不食人間煙火的譏笑吧！

身處清末民初的康、梁，以初見萌芽的民主意識解讀《論語》，原本是傳統今文經學派的拿手好戲，後世學者爲了證明孔子的教育睿見，急著把兩千多年前的話語包裹上現代的外衣，只要能自圓其說，不能說是不對。

然而先撇下時空的限制，還有來自時代思想的發展，難道不該連帶《論語》的相關說法放進「自圓其說」的內容中？換言之，如果想強調一處有民主意識，勢必書中多處也得有民主意識才行，否則難以令人信服，不是嗎？

4. 只要有信任，餓死沒關係？

孔子所有弟子中，子貢算是最會問問題的，他不以一問一答為滿足，反而是在不斷追問之下，他既得到了更深刻的解答，後世的我們也因而受益，得以更加了解孔子思想的全貌，這種對話往往是《論語》中很精彩的部分。

但是他們有段對話讓我很困惑。子貢問施政之事，孔子回答：「糧食充足，軍隊強大，人民信任政府。」子貢再問：「如果沒辦法三者同時完成，必不得已，哪一個可以先去掉？」孔子答：「軍隊那部分。」子貢又問：「如果還是沒辦法剩下兩者同時完成，必不得已，哪一個可以先去掉？」孔子答：「糧食。自古以來人都會死，但如果沒有人民信任，國家就會滅亡。」⑱

⑱ 子貢問政。子曰：「足食，足兵，民信之矣。」子貢曰：「必不得已而去，於斯三者何先？」曰：「去兵。」子貢曰：「必不得已而去，於斯二者何先？」曰：「去食。自古皆有死，民無信不立。」（《論語・顏淵》）

孔子的回答我不太能接受，難道沒有了軍隊保護，國家還存在嗎？國家都不存在了，人民要信任誰呢？再說去掉糧食的部分，沒有了糧食，人民都餓死了，鬼來信任國家嗎？孔子說對了，的確是「自古皆有死」，壽終正寢可以帶著對國家的信任入土，一旦成爲路邊的餓莩，難道還能帶著信任離開人世嗎？一個失去軍隊保護、沒有糧食濟民的政府，還談什麼信不信任？

子貢的問話也是大有問題的，「糧食充足」和「軍隊強大」是客觀的事實，「人民信任政府」則是主觀的心理，孔子的「足食」、「足兵」之後的第三個選項，不該是抽象的「民信之矣」，應該是另一個客觀的事實吧！

此外，這三者之間根本不存在著非得去一存一的選擇，前兩者反而和後者有因果關係。換言之，「糧食充足」後「人民信任政府」，「軍隊強大」後「人民信任政府」，「糧食充足」加上「軍隊強大」後「人民信任政府」加倍，怎麼會有去掉「糧食充足」和「軍隊強大」後，「人民信任政府」還能單獨存在呢？

的確，孔子認爲有道德修養的人不應追求飲食享受，不管是古聖先賢、自己、學生，或是對君子的期許，都是這樣的。比如大禹的「菲飲食」⑲、孔子

⑲ 子曰：「禹，吾無間然矣。菲飲食，而致孝乎鬼神；惡衣服，而致美乎黻冕；卑宮室，而盡力乎溝洫。禹，吾無間然矣。」（《論語・泰伯》）

自己的「發憤忘食」⑳，到優秀弟子顏回的「一簞食，一瓢飲」㉑，進德修業的過程中，飲食從來都不是該煩心的事。但這可是對有志於進德修業的人的基本要求，面對芸芸眾生的政務時，也能這樣苛責嗎？恐怕不行。

幸好《論語》的另一段敘述比較有人情味，比較沒唱高調。孔子去衛國，冉有駕著車。孔子說：「人眞多啊！」冉有問：「人多了，又該做些什麼？」孔子答：「讓他們富起來。」冉有接著問：「富起來後，又該做什麼？」孔子答：「讓他們受教育。」㉒

這就對了，百姓沒有飯吃，還掙扎於貧窮的生活之中，誰還管什麼禮義廉恥，填飽肚子最重要，所以管子說：「倉廩實而知禮節，衣食足而知榮辱。」，這是千古不易的眞理啊！

還好我查了一下，除了「民無信不立」那一章，《論語》中應該沒再出現要人民餓著肚子追求仁義，或者是爲了塑造一個仁義政府的形象，就不惜犧牲人民生命或國家安全的怪異言論了。

---

⑳ 葉公問孔子於子路，子路不對。子曰：「女奚不曰，其為人也，發憤忘食，樂以忘憂，不知老之將至云爾。」（《論語‧述而》）

㉑ 子曰：「賢哉回也！一簞食，一瓢飲，在陋巷。人不堪其憂，回也不改其樂。賢哉回也！」（《論語‧雍也》）

㉒ 子適衛，冉有僕。子曰：「庶矣哉！」冉有曰：「既庶矣，又何加焉？」曰：「富之。」曰：「既富矣，又何加焉？」曰：「教之。」（《論語‧子路》）

相反的，孔子對歷史人物的評價，主要還是在其保境安民的表現。譬如歷史上爭議最大的管仲，子貢的批評是：「管仲不是仁者吧？齊桓公殺公子糾時，不能爲其殉節，卻又輔佐桓公。」孔子卻提出相反意見：「管仲輔佐齊桓公，稱霸諸侯，一統天下，人民直到現在還受到他的恩惠。沒有管仲的努力，我們就像野蠻人一樣披髮穿左衽的服飾了。哪像一般的愚蠢男女拘泥於小信小義，在小水溝裡自殺，還沒人知道呢！」㉓

孔子對管仲的讚美可沒有包括「民信之矣」，他能讓人民長久蒙受其恩澤，卻絕對做到了「足食」、「足兵」兩者無疑，既然如此，我們也可以合理推斷管仲政府受到「民信之矣」，是理所當然的了。

《論語》的最後一章引用堯的話：「嘿，舜，老天爺安排的帝王氣數在你的行爲上，你應該謹守中庸之道！如果你讓天下人民貧窮困厄，老天爺給你的祿位就會斷絕。」㉔堯告誡舜的爲君之道，首要便在於使人民免於困窮，否則老天給的祿位會斷絕，君位將不保。套用上述子貢和孔子的對話，很明顯的爲了防止人民困窮，「足食」、「足兵」必不可缺，「民信之矣」反而是後續的

㉓ 子貢曰：「管仲非仁者與？桓公殺公子糾，不能死，又相之。」子曰：「管仲相桓公，霸諸侯，一匡天下，民到于今受其賜。微管仲，吾其被髮左衽矣。豈若匹夫匹婦之為諒也，自經於溝瀆，而莫之知也。」（《論語．憲問》）

㉔ 堯曰：「咨！爾舜！天之曆數在爾躬。允執其中。四海困窮，天祿永終。……」（《論語．堯曰》）

效應，根本不是執政者所能掌握的部分了。

其後，該章更強調「君主應該重視人民、糧食、喪禮和祭禮」，接著提醒施政時「寬容可得人民擁護，誠信則使人民服從，勤勉則可得到功績，處事公正則群眾悅服。」㉕由此可知，君主原本該重視的事項在前，施政的影響在後，誰是「因」，誰是「果」就非常清楚了。

或許有人主張：「就算沒有軍隊保護，沒有足夠的糧食，只要信任政府、共體時艱，還是可以度過難關，再創光明啊！」是嗎？那我想問什麼都沒有的情況下，人民憑什麼信任政府？可能這個政府曾經做過讓人民信服的事，或者是有個人民愛戴的領導者吧！我相信這兩種狀況下，人民的確願意共體時艱，但問題來了，「時艱」畢竟短暫，整個來看，大有為的政府或英明的領導者誰敢把信任當賭注，持續縱容國家的軍隊靡爛、糧食短缺？它便可能就是下一個被推翻的對象了。

譬如前幾年去世的泰皇拉瑪九世蒲美蓬陛下，國喪期間，人民如喪考妣，舉國悲痛莫名。人民為什麼這麼愛戴他呢？很簡單，他從年輕以來就致力於農業發展，如今泰國米的產量世界第一，人民免受饑饉之苦，又可外銷他國，賺取外匯收入，人民富足。

㉕……所重：民、食、喪、祭。寬則得眾，信則民任焉，敏則有功，公則說。（《論語・堯曰》）

此外，蒲美蓬以旁觀者的超然角色，在幾次政黨傾軋、軍事政變後，主動出來調和雙方，迅速弭平紛亂，還人民一個相對太平的生活環境。試想，如果沒這些功績，人民憑什麼愛戴他？如果他只憑信任，任由軍隊橫行、民不聊生，人民的愛戴又能持續多久呢？總不能還是高唱「君權神授」的老調吧！

5. 國家混亂不必殺身成仁？

歷代忠臣義士於國家危難之際，挺身而出，雖九死而不悔，令人感佩，就像諸葛亮、郭子儀、岳武穆、文天祥、袁崇煥、史可法等人，名垂青史，永為後世所傳誦。然而仔細考察各時期混亂的政局、庸懦的君主，不禁為這些忠臣感慨：「這麼拚命值得嗎？」

有人可能回答，這就是孔子「知其不可而為之」的精神，這些人的偉大在於「求仁而得仁」，死得其所啊！但我要問：「是嗎？孔子真的贊成這種飛蛾撲火的行為嗎？」孔子的確周遊列國，不計成敗的想推行心中的仁政，甚至講出「有志之士和行仁的君子，不會貪生怕死而損害仁德，只有犧牲生命來成就仁德。」[26]的話，但這就代表他鼓勵以犧牲生命來成就道德嗎？

《論語》裡面有一系列的「邦有道……；邦無道……」，從這些敘述

---

[26] 子曰：「志士仁人，無求生以害仁，有殺身以成仁。」（《論語．衛靈公》）

中，我們大概可以知道孔子對這個問題的看法。例如孔子評論寧武子這個人，「國家太平時就很聰明，國家混亂時就變得愚笨。他的聰明可以學得來，愚笨的部分就不是能學得來的。」㉗孔子的這段話可不是諷刺寧武子，而是讚美他，故而對那些在國家混亂時的聰明人，孔子的態度可想而知。

國家太平，君主賢明，固然可以謀取官職，貢獻所學，但孔子更讚美他在國家混亂時的愚笨表現，他是眞笨嗎？當然不是，而是藉著愚笨的外表避禍，韜光養晦，有朝一日東山再起，這不是一般人做得到的。

這麼一來，歷史上那些明知國家混亂、君主昏庸卻一味效死的，反而遜色不少，甚至蠢不可及，正因爲他們分不清時局，能智不能愚，或許在孔子的心中，和寧武子根本不在同一個檔次。

難道個人的德行不重要，不是該堅持理想、成仁取義的嗎？沒錯！這種德行值得讚賞。但遇到需要進退抉擇的時候，還是得看清局勢再說，千萬不能當搞不清楚狀況的傻子。所以孔子曾說：「篤守信義，努力學習，至死都要堅持善道。不進入危險的地方，不在混亂的區域居住。天下太平就出來做事，天下混亂就隱居起來。國家太平，如果既貧窮又卑賤，是一種恥辱；國家混亂，既

㉗ 子曰：「寧武子邦有道則知，邦無道則愚。其知可及也，其愚不可及也。」（《論語・公冶長》）

富有又尊貴，也是一種恥辱。」㉘

看來孔子對個人的進德修業，以及堅守仁義之道非常堅持，但強調了解外在形勢，知道已是危險混亂的地方，想都不必想就該避走，至於做官或隱居，完全得視天下太平或混亂，這就是唯一的標準。如果要衡量個人的操守，國家太平時沒出來奉獻，導致個人生活貧困是恥辱；國家混亂時不知裝笨退隱，卻努力尊求富貴，更是一種恥辱。

孔子不只認爲亂世時不該強出頭，適時退隱才是正確的作法，甚至是個人言行，能低調就低調，以免遭來忌恨。他的說法是：「國家太平的時候，言語和行爲都該正直不阿；國家混亂的時候，行爲仍然正直，但說話就得謙遜一些。」㉙難怪南容能在國家太平時不被遺棄，國家混亂時免於牢獄之災，孔子就把姪女嫁給他㉚，正因爲他該進取時不耽誤，該低調時懂得謙遜避禍啊！

講到這裡，大家應該不會認爲孔子是動不動就想殺身成仁的二愣子了吧？那麼另一種質疑的聲音可能會湧現，難道孔子是個趨利避害的小人，或者是動不動就歸隱的道家人物嗎？

㉘ 子曰：「篤信好學，守死善道。危邦不入，亂邦不居。天下有道則見，無道則隱。邦有道，貧且賤焉，恥也。邦無道，富且貴焉，恥也。」（《論語・泰伯》）

㉙ 子曰：「邦有道，危言危行；邦無道，危行言孫。」（《論語・憲問》）

㉚ 子謂南容，「邦有道，不廢；邦無道，免於刑戮。」以其兄之子妻之。（《論語・公治長》）

當然不是，孔子輔佐庸主魯定公時，魯國本有「三桓」之亂，朝局動盪不安，他還是努力維持政局，沒有隱退啊！後來心灰意冷，周遊列國，面對烏煙瘴氣的諸侯國，還有幾次驚險的遭遇，他還是沒有退隱的想法。直到年老時回到魯國，依然對魯哀公諄諄教誨，即使「三桓」仍把持朝政，魯國搖搖欲墜，孔子仍是沒閒著啊！

更別說在周遊列國的路上，許多隱居者或楚國狂士攔路，或譏諷，或挑戰，或勸導，始終沒有改變孔子救世的心意。那就奇怪了，孔子對「邦無道」時不是該愚嗎？說好的「危邦不入，亂邦不居」呢？爲什麼如此的言行不符呢？讚美的一套，實際做的又是另一套，我們該怎麼解讀這種現象呢？

有次子貢提問：「管仲不是仁者吧？齊桓公殺公子糾時，不能爲其殉節，卻又輔佐桓公。」孔子卻回答：「管仲輔佐齊桓公，稱霸諸侯，一統天下，人民直到現在還受到他的恩惠。沒有管仲的努力，我們就像野蠻人一樣披頭散髮，穿左衽的服飾了。哪像一般的愚蠢男女拘泥於小信小義，在小水溝裡自殺，還沒人知道呢！」㉛

我們都知道，管仲一輩子最大的汙點就是不能殉節，而且竟然轉而幫仇人稱霸，實在讓人難以接受。然而孔子卻未嘗從這個角度批評管仲，卻刻意突顯

㉛ 子貢曰：「管仲非仁者與？桓公殺公子糾，不能死，又相之。」子曰：「管仲相桓公，霸諸侯，一匡天下，民到于今受其賜。微管仲，吾其被髮左衽矣。豈若匹夫匹婦之為諒也，自經於溝瀆，而莫之知也。」（《論語．憲問》）

他之後的功績，爲什麼呢？成大事者不拘小節，孔子明確地鼓勵爲了遠大的目標，不必拘泥於小信小義，所以讚美管仲。

同樣的，平時執守信義的孔子，不知勝過管仲多少倍，爲了實現心中的理想國，爲什麼就不能去試一試、闖一闖呢？寧武子的智慧值得欣賞，但孔子未必贊同這種智慧，用行動證明了自己的決定。

歷史上唐太宗在玄武門之變殺兄屠弟，留下千古惡名，他的著名臣子魏徵先投瓦崗軍李密、再侍候竇建德，後來成爲太子李建成臣子，玄武門慘案之後，竟然搖身一變成爲唐太宗李世民的諫議大夫，簡直可稱是四姓家奴。

然而唐太宗輝煌的貞觀之治，魏徵樹立的忠臣勸諫典範，卻絕對不會被抹煞。回過頭來想，如果玄武門時心軟，李世民根本當不上皇帝，或許連命都丟了，怎有貞觀盛世？魏徵如果要殉節，大概至少得死三次，我們怎麼看得到後來的錚錚忠骨呢？孔子的話是至理名言，成大事者眞的不必拘小節啊！

我相信，人生本來就是一連串的選擇，每個人都想功成名就，但死人是談不上功成名就的，所以免禍避難並不可恥。與此同時，孔子又告訴我們要有道德底限，總不能爲了活下去成爲道德敗類，在這個前提上，努力地實現自己的理想，攀上人生的巔峰。

因此，免禍避難和道德底限不牴觸，更與功成名就沒有矛盾，留下有用之身，在道德底限之上，拚命去追逐夢想，如此而已。不成功？裝傻充愣或避世隱居也無妨。

6. 陽虎成功勸孔子出來當官？

陽虎又稱爲陽貨，作爲孔子的對照組，他是春秋時期有名的奸臣。話說魯國的朝政一直被「三桓」把持，魯君就是個魁儡，魯昭公甚至被驅逐出國境，想不到螳螂捕蟬、黃雀在後，也算報應不爽，孟孫、叔孫、季孫「三桓」竟被家臣陽虎操縱，長達三年之久，陽虎便成爲魯國實際的主子，直到兵敗逃出魯國爲止。

作爲完全對立的人格典型，孔子卻和陽虎有一段孽緣，老天可能開了個大玩笑，兩人的長相竟然十分相似，常常被人認錯。

和壞人長得像可不只是一句倒楣就了事，可能還有殺身之禍，孔子在衛國匡地曾被人圍困軟禁，就因爲長得像陽虎，弟子顏刻曾爲陽虎駕車，而且陽虎又剛好曾使匡人家破人亡、妻離子散。您說孔子冤不冤？

《論語》中有一段他們之間的互動記載：陽虎想要拜訪孔子，孔子不願意見面，陽虎就贈送給孔子一隻熟乳豬。依禮孔子得回訪，所以就趁陽虎不在家時去，免得尷尬，想不到卻在路上碰到了。陽虎對孔子說：「你來，我有話要說。」陽虎接著說：「身懷本事卻坐視國家混亂，算是仁者嗎？」孔子答：「不算！」陽虎再說：「想做大事卻屢屢錯失良機，算是智者嗎？」孔子答：「不算！」陽虎感嘆道：「時光一去不復返，歲月總是不等我就飛逝了。」孔子說：「好吧！我準備出來當官了。」㉜

這段對話告訴我們，經過陽虎的一番勸說，孔子終於願意出來當官了。您相信嗎？反正我是很難接受，我可以幫孔子想出各種當官的理由，卻絕對不包括陽虎的鼓勵，我想孔子自己也不會接受這個理由的吧！

我怎麼讀怎麼怪，即使陽虎想要拉攏孔子的意圖很明顯，對話的方向似乎是鼓勵孔子出仕沒錯。但陽虎話中的意思眞的是鼓勵孔子當官嗎？孔子決定出來當官，眞的是因爲陽虎的勸說嗎？實在不可思議。

先從陽虎的角度來看，他問孔子的兩個問題：「身懷本事卻坐視國家混亂，算是仁者嗎？」「想做大事卻屢屢錯失良機，算是智者嗎？」顯然是嘲笑孔子既非仁者，也不是個智者，把人嘲笑一番再拉攏，這種方式實在很另

㉜ 陽貨欲見孔子，孔子不見，歸孔子豚。孔子時其亡也，而往拜之，遇諸塗。謂孔子曰：「來！予與爾言。」曰：「懷其寶而迷其邦，可謂仁乎？」曰：「不可。」「好從事而亟失時，可謂知乎？」曰：「不可。」「日月逝矣，歲不我與。」孔子曰：「諾。吾將仕矣。」（《論語．陽貨》）

類。或許有人會說，這是陽虎的一種激將法，那麼「身懷本事卻坐視國家混亂」或許可以刺激孔子出仕，「想做大事卻屢屢錯失良機」算什麼呢？孔子遲遲沒有出仕實現理想，很多的狀況是自己的選擇，並不是人家有沒有給他機會，或他有沒有抓住機會的問題，這也算是激將法嗎？

姑且不論孔子對這種拉攏方式有何回應，陽虎接著說：「時光一去不復返，歲月總是不等我就飛逝了。」這個感嘆是出於陽虎自己，還是陽虎為孔子感嘆呢？如果相信孔子是被陽虎鼓勵出仕的，恐怕會認為是陽虎為孔子感嘆的吧！然而陽虎先暗示孔子是不仁不智之徒，後來再幫他感嘆光陰易逝，這是什麼鼓勵人的邏輯啊？我反而更覺得是陽虎在勸孔子退隱，別白忙一場了吧！面對陽虎的嘲笑和挑釁，孔子的回答竟然是「好吧！我準備出來當官了。」實在很不可思議。

從實際的歷史脈絡來看，陽虎不斷侵蝕季氏的權勢，又透過靈活的手腕掌握另外兩家的權柄，孔子一旦出來當官，依照他的執政風格，忠君愛國，陽虎不是拿石頭砸自己的腳嗎？當然，陽虎後來失敗遠遁晉國，純粹是玩火自焚，並不是孔子出來當官後的業績，因為陽虎沒那麼傻，鼓勵孔子出來找自己麻煩，所以我認為陽虎鼓勵孔子出仕的解讀很不合理。

我們再從孔子的立場來看，孔子濟世濟民的想法很強烈，即使周遊列國十四年也不曾放棄理想，就是很好的證明。隱士長沮、桀溺正在耕田，孔子剛好路過，就叫子路去問渡口在哪裡。長沮問那邊駕車的人是誰，子路回答是孔子，長沮就說那他該知道渡口在哪裡啊！子路轉而問桀溺，桀溺問你是誰，子路自我介紹，桀溺再說你是孔子的弟子嗎？子路回答完，桀溺接著說：「天下大亂，誰能改變？你與其跟那位逃避仇人的人（孔子），不如跟著我們這些避世的隱者吧！」說完繼續播種沒停下來。

子路離開他們，回來告訴孔子，孔子生氣地說：「這些人和鳥獸一樣不能和人群在一起，我不和世上的人打交道要和誰打交道？如果天下太平，我又何必要這麼地努力改變呢？」㉝這些隱士恐怕是身隱心不隱，想不到對孔子這麼有意見，講了一堆挖苦的話，還是不講渡口在哪裡，眞糟糕！不過我們可以從這些對話中，清楚地看到孔子在亂世中積極用世的決心。

他從不避諱合乎道義的功名利祿，所以曾說「富貴功名可以追求的話，就算是當車夫駕馬車我也願意幹。」㉞堅持以有用之身去做有意義的事，就算再小的事都值得，這才是孔子的眞面目。此外，他也非常希望諸侯們賞識他，讓

㉝ 長沮、桀溺耦而耕，孔子過之，使子路問津焉。長沮曰：「夫執輿者為誰？」子路曰：「為孔丘。」曰：「是魯孔丘與？」曰：「是也。」曰：「是知津矣。」問於桀溺，桀溺曰：「子為誰？」曰：「為仲由。」曰：「是魯孔丘之徒與？」對曰：「然。」曰：「滔滔者天下皆是也，而誰以易之？且而與其從辟人之士也，豈若從辟世之士哉？」耰而不輟。子路行以告。夫子憮然曰：「鳥獸不可與同群，吾非斯人之徒與而誰與？天下有道，丘不與易也。」（《論語・微子》）

㉞ 子曰：「富而可求也，雖執鞭之士，吾亦為之。如不可求，從吾所好。」（《論語・述而》）

他夠實現理想，有次子貢問：「如果手上有塊美玉，是把它藏在櫃子裡，還是賣給識貨的人呢？」孔子回答：「賣出去！賣出去！我在等識貨的人。」㉟當然，即使再希望被重用，孔子的道德底限還是非常清楚的，這無庸置疑。

因此我認爲陽虎和孔子的對話，根本不是鼓勵孔子出仕，「身懷本事卻坐視國家混亂，算是仁者嗎？」「想做大事卻屢屢錯失良機，算是智者嗎？」顯然是嘲笑孔子無疑，「時光一去不復返，歲月總是不等我就飛逝了。」則是叫他別忙了，放棄理想吧！只要他停止瞎胡鬧，陽虎願意給他優厚的待遇，但孔子的價值僅止於廣告作用，像招財貓似的，不會有任何實權的。

但孔子的回答：「好吧！我準備出來當官了。」如果確有其事，則是另有深意，孔子不會是當陽虎的官，歷史上也沒有，孔子本有用世之心，在陽虎的嘲笑之下更加堅定了而已。我相信，孔子的回答絕對不是屈從陽虎，或是接受陽虎的鼓勵，反而是對抗陽虎挑釁的另一種宣示吧！

㉟ 子貢曰：「有美玉於斯，韞匵而藏諸？求善賈而沽諸？」子曰：「沽之哉！沽之哉！我待賈者也。」（《論語・子罕》）

第6章

孔門的學問該有更多吧！

1. 「一以貫之」到底是什麼意思？

《論語》中「一以貫之」出現兩次，講的都是孔子的學術內涵。一次是孔子對曾參說：「參啊！我的學問是以一個觀點貫串全部的。」曾參說：「是。」孔子走後，弟子們就問曾參說：「老師是什麼意思？」曾參說：「老師的學問，就是忠恕兩個字而已。」①什麼是「忠恕」？爲什麼他敢肯定老師講的是「忠恕」？接下來完全沒有交代，所以我們應該和其他弟子一樣，滿頭霧水吧！

還有一次是孔子對子貢說：「賜啊，你大概以爲我是學得多，然後又能努力記住的人吧？」子貢回答：「對，難道不是嗎？」孔子說：「不是，我是用

① 子曰：「參乎！吾道一以貫之。」曾子曰：「唯。」子出。門人問曰：「何謂也？」曾子曰：「夫子之道，忠恕而已矣。」（《論語．里仁》）

一個觀念貫串全部的學問。」②子貢好大的膽子！孔子問的「學得多又能努力記住」，不就是個書呆子而已，子貢竟說「對，我就是這麼認爲的？」

子貢反應的部分我們先存而不論，孔子這次講「一以貫之」更神祕了，已經沒有像曾參那樣的人出來解謎題，所以那「一」是什麼？怎麼「貫」呢？「之」的範圍包括什麼？抱歉！完全沒說。

或許有人會建議，那就把曾參的答案移植過來，孔子對子貢講的「一以貫之」，不就是「忠恕」兩個字？如果我是孔子的弟子，恐怕對曾同學的答案不會太放心。原因很簡單，曾參同學曾被評爲愚鈍的人（「參也魯」），雖然被認爲是孔門正統傳人，但那是以後的事，現在可不能算是孔子的代言人，老師還沒死呢！

更重要的是，《論語》中孔子和曾參的對話紀錄只有兩個，如果比掌握老師話語意義的程度而言，我更願意相信常跑去聊天的顏回、子貢或子夏，他們的解讀可能更接近老師的原意吧！所以移植曾參的理解，恐怕不太恰當。

事實上，曾參用「忠恕」解讀「一以貫之」也有語病，南懷瑾先生曾開玩笑說，如果曾子的說法成立，應該是「二以貫之」，因爲「忠」和「恕」分明是兩個觀念嘛！哈！的確如此，但只看數字可能還不太夠，我認爲關鍵在於

---

② 子曰：「賜也，女以予為多學而識之者與？」對曰：「然，非與？」曰：「非也，予一以貫之。」（《論語・衛靈公》）

「一以貫之」的「一」是什麼？怎麼「貫」呢？「之」的範圍包括什麼？把這些問題解決了，才算眞的掌握個中三昧。

我們先來檢驗曾參的說法，他認爲孔子的「一」是「忠恕」，那「忠恕」是怎麼貫串孔子的學問呢？是言談中常常出現？這兩個觀念憑什麼是孔子的核心思想？檢查《論語》的內容，「忠」和「恕」同時出現的只有一次，就是曾參講的「一以貫之」。「忠」字倒是經常出現，但與「仁」、「義」、「孝」、「信」等字相比，數量上還是瞠乎其後的。「恕」字只出現過一次，而且是有針對性的，並不能拿來做爲通則。

子貢問孔子：「有一個字可以拿來終身奉行的嗎？」孔子回答：「那就是恕吧！自己不想要的，不強迫別人接受。」③我認爲這是針對子貢個人所給的建議，也就是我們所熟知的「因材施教」。爲什麼呢？因爲有次子貢說：「我不願別人強迫我做的，我也不會強迫人去做。」孔子說：「賜啊，這不是你做得到的。」④聽到老師這麼說，子貢一定很尷尬，不過沒辦法，孔子就是了解子貢個性好強，喜歡控制別人，因此孔子送他一個「恕」字不是很適合

③ 子貢問曰：「有一言而可以終身行之者乎？」子曰：「其恕乎！己所不欲，勿施於人。」
（《論語・衛靈公》）

④ 子貢曰：「我不欲人之加諸我也，吾亦欲無加諸人。」子曰：「賜也，非爾所及也。」
（《論語・衛靈公》）

嗎？如果其他弟子問孔子同一個問題，恐怕得到的就不會是「恕」字了吧！

這麼看來，不管「忠」或「恕」都無法貫串孔子的所有言談，那麼「忠」或「恕」是孔子的核心思想嗎？我們先排除掉「恕」，因爲它不只出現次數少，如同上述，孔子用它時還有明顯針對性，不可能是核心思想。

至於「忠」，它絕對是個孔子鼓勵的德行，強調的是對人對事的忠誠奉獻，而且「忠」常常和「信」結合在一起，作爲一種值得堅守不渝的道德⑤。但它是孔子的核心思想嗎？恐怕不能算是，只能說是核心思想下衍生出來的，沒有辦法貫串他的所有學問。

既然不是「忠」和「恕」，那該是什麼呢？熟讀《論語》的您，覺得應該是什麼呢？我認爲就是「仁」。孔子創造了「仁學」，在與人的對話中不斷提到「仁」，出現次數最多，而且把「仁」抬到了很高的地位。「仁」是萬德的總稱，「仁」又是萬德實踐的狀態，禮樂制度如果沒有它，形同虛設，

⑤譬如子曰：「十室之邑，必有忠信如丘者焉，不如丘之好學也。」（《論語・公冶長》）；子曰：「主忠信，毋友不如己者，過則勿憚改。」（《論語・子罕》）；子張問崇德、辨惑，子曰：「主忠信，徙義，崇德也。愛之欲其生，惡之欲其死。既欲其生，又欲其死，是惑也。誠不以富，亦祇以異。」（《論語・顏淵》）；子張問行，子曰：「言忠信，行篤敬，雖蠻貊之邦行矣；言不忠信，行不篤敬，雖州里行乎哉？立，則見其參於前也；在輿，則見其倚於衡也。夫然後行。」子張書諸紳。（《論語・衛靈公》）

士君子還以它作爲人生的追求，像扛十字架一樣構築生命的最高價值⑥，除了「仁」，我很難想到其他可以作爲孔子核心思想的觀念。

那麼爲什麼《論語》的編撰者要讓曾參做孔子的代言人，而且說出「一以貫之」的是「忠恕」呢？其實老師的話如果沒說清楚，學生本來就可以有自己的體會，曾參認爲是「忠恕」，卻不妨礙其他同學認爲的其他啊！或許《論語》的編撰者是曾參弟子，所以特別保留曾參的說法罷了。

只不過曾參既然提出「忠恕」，卻沒有任何說明，就令人感到遺憾了。即使後世朱熹特別爲「忠恕」做了精彩的界定⑦，我還是無法認同它們能貫串孔子所有的學問。

事實上，人們掌握某個領域的學問時，總喜歡「化繁爲簡」，其目的就是希望「以簡馭繁」。像孔子光講述不創作（「述而不作」）的論學方法，很容易被時空所淹沒，唯一能傳述孔子言行的《論語》，卻又如此簡略，零散的紀錄很難拼湊出孔子思想的原貌，所以「一以貫之」的重要性可想而知。我想《論語》應該非常清楚這個需求吧！可惜卻給個「忠恕」的答案，實在令人傻眼啊！

---

⑥ 曾子曰：「士不可以不弘毅，任重而道遠。仁以為己任，不亦重乎？死而後已，不亦遠乎？」（《論語・泰伯》）

⑦ 盡己之謂忠，推己之謂恕（朱熹《四書集注章句・論語集注・里仁第四》）

2. 孔子真的能未卜先知嗎？

孔子很偉大，我非常認同，因爲他樹立了中華文化的核心價值，在世界幾個古代文明相繼滅絕之後，毫無疑問的，儒家思想是維繫中華民族綿延不絕的關鍵力量之一。因此孔子本身是否有神通？根本不重要，在儒家宣示人文精神重於一切的前提下，《論語》沒有特別強調這個部分。

然而《論語》中還是有些不可思議的敘述，而且是出於孔子自己之口。

子張有次發問：「十代之後的禮樂制度可以預知嗎？」如果以一代三十年來算，十代大概是三百年以後。子張的問題很奇怪，人不可能活那麼久，禮樂制度因時而變，分分秒秒都可能有所轉換，更何況三百年之後的發展？但是子張的問話似乎隱隱透露出對老師的信心，相信這對老師來說只是小菜一碟而已。

孔子沒讓弟子失望，他的回答是：「商朝沿襲夏朝的禮樂制度，內容增減了多少，可以很清楚的看出來；周朝沿襲商朝的禮樂制度，內容增減了多少，可以很清楚的看出來，以後若是有繼承周朝的，就算一百個世代也可以預知。」⑧要五毛，給一塊，我想子張聽了一定很興奮，想不到自家老師竟然可以預知百代之後的禮樂制度，眞是太神奇了！

說實話，孔子的回答讓我非常驚訝，他老人家本來就很熟悉夏、商、周的禮樂制度，所以從夏到周的禮樂內容有何增減，他應該十分了然，我並不感到意外。但是孔子憑著對以往朝代禮樂的豐富知識，就能去推估未來三千年的禮樂制度內涵，的確是夠駭人聽聞的了。

更神奇的是，歷代讀書人似乎對此沒什麼意見，彷彿至聖先師孔子有這能力很正常。但眞的正常嗎？我實在不敢苟同。

我認爲如果孔子能夠推估百代之後的禮樂制度，應該要有兩個前提：一是即使改朝換代，禮樂制度都不會改變，但孔子明顯講的是「損益」，也就是制度內容的增減，所以根本不是聚焦在不變的制度部分，這個前提不成立。

然而這種說法卻是歷代儒者的共識，他們大都認爲孔子的意思是概分「所因」和「所損益」兩者，前者是不變的三綱五常，後者則是會因時改變的禮樂內容。孔子之所以能推估百代的依據，當然是萬世不變的「所因」，而不是持續改變的「所損益」部分。

---

⑧ 子張問：「十世可知也？」子曰：「殷因於夏禮，所損益，可知也；周因於殷禮，所損益，可知也；其或繼周者，雖百世可知也。」（《論語・為政》）

既然如此，孔子直接談代代相因的不變即可，何必再談「損益」的部分，而且還強調兩次？這不會造成混淆嗎？

如果從語意上來看，原文可以簡化為：「我知道A的損益，我知道B的損益，所以C我也知道」，既然A和B都談損益，C卻突然不講損益，反而談其他的東西，這不是很怪嗎？更何況文中的「商因於殷禮」、「周因於殷禮」的兩個「因」，可不是孔子「可知也」的對象，怎麼突然最後變成繼周百世的「可知也」對象呢？實在很難想像。

第二個前提可能孔子推知百代以後的情況，靠得是改朝換代時禮樂制度「損益」的恆常性，換言之，從夏到周，禮樂制度內容的增減已經固定下來，形成了規律，所以就算百代、千代以後，都遵循著這個規律，孔子只要順著規律去推估就行了。然而這種禮樂制度「損益」的規律性存在嗎？可能有問題。

從上述的兩個前提來看，似乎第二個前提比較接近孔子的思路，但孔子是講了「損益」，卻沒有講「損益」的規律是什麼。更重要的是，孔子對可知的「損益」掌握的程度有多少呢？或許我們要先討論一下。

有次孔子很感慨的說：「夏朝的禮樂制度，我可以說明，但現在的杞國禮樂無法證明我說的是對的；商朝的禮樂制度，我也可以說明，但現在的宋國禮樂無法證明我說的是對的。無法證明的原因是文獻不夠啊！如果文獻足夠，我就能證明我說的是對的。」⑨

看來，夏朝和商朝的禮樂制度，孔子即使能說清楚，卻是苦無證明，所以他所知的「損益」，可能只是無法證明的推估而已。既然連過去的夏、商禮樂制度的「損益」，都只能靠無法證實的推估，那麼前面提到的所謂「雖百世可知也」，可信度究竟有多高，實在令人存疑啊！

既然如此，我們該怎麼看待《論語》「雖百世可知也」的記載呢？我認爲可能《論語》的編寫者刻意爲之，主要是想神話孔子，強調夫子學問通貫過去、現代、未來三世的本領，後代的儒者再接力吹捧，透過「所因」和「所損益」的解釋，增加其合理性，如此而已。

這種作法眞的能提升孔子的分量嗎？恐怕未必，反而把他推向他平生最不屑的「怪力亂神」行列中。如果我們了解孔子對中華文化的貢獻，應該排斥神話孔子的作法，因爲那與把孔子當作神祇參拜，希望保佑考試順利的民間信仰何異？很遺憾的，造神運動始終存在著，古代所謂的「廟學合一」，就是把孔廟和官學、書院結合在一起，上學前先祭拜孔子，連科舉考試也是一樣，考官入闈前也得對孔子祭祀一番，才能開始後續的工作。

直到現在，祭孔之後民眾爭拔智慧毛，各地文廟除了文昌帝君等主神

---

⑨ 子曰：「夏禮，吾能言之，杞不足徵也；殷禮，吾能言之，宋不足徵也。文獻不足故也，足則無能徵之也。」（《論語・八佾》）

外，孔子常常是座上的神祇，一到考季，許多考生和家長前來祭拜，絡繹不絕，一疊疊准考證放在香案兩側，蔚爲奇觀。或許《論語》的神化敘述只能算小巫，卻無疑的是始作俑者之一吧！這比祭孔時用八佾舞的影響更壞。

同樣地，當我們閱讀《論語》時，不能與誦讀宗教經典的心態和作法一樣，宗教往往靠神通和儀式聚攏信眾，《論語》給我們的不應該是這些，反而是一套如何安身立命的良方、倫理道德的內涵，自有其無可取代的價值。然而這段「雖百世可知也」的不合理敘述，顯然無法帶給我們安身立命的良方，更談不上倫理道德的內涵，卻帶來一位未來預言家形象的孔子，這有什麼意義呢？所以孟子說「盡信書，不如無書」，我想在這裡就可以印證了吧！

或許有人質疑：「很難說啊！搞不好孔子爲了增加信徒的認同，或者是強調禮樂的重要性，誇張的強調自己的信念而已啊！何必太在意。」或許一般人有這種可能，但孔子這麼做的機率不大，因爲他總是把不可知的老天爺，和無可奈何的命運存而不論，只強調我們應該努力和堅持的部分，如今卻吹噓自己能掌握三千年後世界，這合理嗎？反正我是很難接受，除非孔子想打自己的嘴巴。不吹噓自己無法掌握的未來事件，卻像巫師一樣預言千年以後的事，這可能嗎？實在很難想像。

3. 君子不是個東西，那是……？

有次子貢問孔子：「您覺得我怎麼樣？」孔子說：「你像一個東西。」子貢問：「像什麼樣的東西？」孔子回答：「珍貴的禮器瑚璉。」⑩子貢聽到老師的回答應該滿高興的，如果他不接受孔子說自己像個東西，恐怕不會追問下去，更何況答案是宗廟的珍貴禮器瑚璉。

您可能會懷疑，子貢被比喻成個東西還高興得起來？當然！沒見到孔子老師讚美自己的同學仲弓時，還把他說成是頭適合祭祀山神的小牛咧⑪，自己被說成是宗廟的珍貴禮器，等級顯然高了很多，就算只是個東西，不過是比喻罷了，子貢有什麼理由不高興呢？

---

⑩ 子貢問曰：「賜也何如？」子曰：「女器也。」曰：「何器也？」曰：「瑚璉也。」（《論語．公冶長》）

⑪ 子謂仲弓曰：「犁牛之子騂且角，雖欲勿用，山川其舍諸？」（《論語．雍也》）

只不過，如果子貢沒有忘記孔子另外一句話，他可能就高興不起來了。孔子說過：「君子不能像個東西。」⑫各家的注釋都一致認爲只要是個東西，功能必定有限制，無法滿足各種需求，但君子得面面俱到，所以不能像個東西一樣。

換句話說，子貢不是君子，因爲他是個只能供作祭祀禮器的瑚璉，仲弓更慘，就是個取悅山神的牲禮罷了，當然更談不上是君子了。唯一值得安慰的是，子貢至少是個珍貴的東西，擺在廟堂裡可以充充場面，沒有仲弓這個祭品，山神可能不高興，降下災禍來就不得了，所以他們是有用的東西。

爲了證明這一點，我們不妨找找《論語》人們讚美孔子多才多藝時，他老人家的反應是怎麼樣。這是因爲一個人如果多才多藝，就表示他在各方面都有專長，按照孔子對「器」的定義，那就是個多「器」型的人才了。然而儘管一個人的「器」再多，孔子也不會認爲他是能面面俱到、一以貫之的君子。

魯國都城內貴族區的人們曾讚美孔子：「孔子眞是偉大啊！博學卻從不以一藝成名。」孔子聽說之後，就告訴弟子們說：「我靠什麼成名呢？駕車？射箭？那我還是靠駕車成名吧！」⑬孔子的回答十分曖昧，我們固然可以看出他

⑫ 子曰：「君子不器。」（《論語・為政》）

⑬ 達巷黨人曰：「大哉孔子！博學而無所成名。」子聞之，謂門弟子曰：「吾何執？執射乎？執御乎？吾執御矣。」（《論語・子罕》）

的謙虛，馬上承認自己是靠駕車成名的說法，但誰都知道這不是事實，他爲什麼要這麼說呢？或許和他「君子不器」的觀念有很大的關係。

太宰問子貢：「夫子眞是個聖人啊！爲什麼如此多才多藝？」子貢回答：「老天爺要讓他將來當個聖人，而且多才多藝啊！」孔子聽了之後，說：「太宰知道我的過去嗎？我小時候貧賤，所以能幹很多粗活。君子需要多才多藝嗎？不需要！」⑭我猜子貢聽老師的話後，一定很尷尬，不久前才在太宰面前吹噓老師的優秀，洋洋得意，想不到孔子既忽視聖人的話題，更否定了君子多才多藝的必要性，眞糗！

更誇張的，孔子竟然說他之所以多才多藝，是閒著沒事幹，因爲沒人請他出來做官⑮！我想如果被那些自負多才多藝的人聽在耳裡，大概會吐血三升吧！好吧，問題來了，既然孔子認爲君子不要像器具一樣限制自己，也不必多才多藝，靠才藝出名，那君子該學些什麼？靠什麼出名呢？

樊遲請教如何種莊稼，孔子說：「這方面我比不上老農。」接著請教怎麼建菜園，孔子說：「這方面我比不上菜農。」樊遲出來，孔子說：「樊遲眞

---

⑭ 太宰問於子貢曰：「夫子聖者與？何其多能也？」子貢曰：「固天縱之將聖，又多能也」子聞之，曰：「太宰知我乎？吾少也賤，故多能鄙事。君子多乎哉？不多也。」（《論語・子罕》）

⑮ 牢曰：「子云，吾不試，故藝。」（《論語・子罕》）

是個眼界狹小的人啊！如果領導者重禮法，人民哪敢不敬業；領導者重視道義，人民哪敢不服從；領導者重視信譽，人民哪敢不誠實。如果能這樣，四方人民都會拖家帶口的來投奔你，哪還需要你自己種莊稼？」⑯

看出來了吧！孔子認爲一位君子要學仁義禮樂之事，以及如何落實仁政的作法，如果只留心在耕種、菜圃之事，不過是個小人而已。當然，這「小人」是指眼界而言，不是道德層面的。

以現代的觀念來看，精通某項專業的人有什麼不好？當然很好，現代社會分工精密，人們往往窮盡畢生精力也不見得能精通一項專業，所以現代社會中能有精通的專業已是難能可貴。然而孔子的時代卻不是這樣的，知識分子本就不多，而且是未來的行政人才，當時社會分工不細密，讀書人也不屑從事各行各業，所以孔子對君子的期待不只是個人的設想，也符合時代的需求。

因此我們在《論語》中看到的孔子和他的弟子，學成之後幾乎都選擇從政，也就是所謂「學而優則仕」，除了子貢優秀的「學而優則賈」表現外，總不會出現「學而優則農」、「學而優則駕」、「學而優則牧」……等情況吧！

有次季康子詢問：「可以任命子路當官嗎？」孔子回答：「子路果斷，當

⑯ 樊遲請學稼，子曰：「吾不如老農。」請學為圃，子曰：「吾不如老圃。」樊遲出。子曰：「小人哉，樊須也！上好禮，則民莫敢不敬；上好義，則民莫敢不服；上好信，則民莫敢不用情。夫如是，則四方之民襁負其子而至矣，焉用稼？」（《論語．子路》）

官沒有問題。」再問：「可以任命子貢當官嗎？」孔子回答：「子貢通達，當官沒有問題。」又問：「可以任命冉有當官嗎？」孔子回答：「冉有多才多藝，當官沒有問題。」⑰

魯國權臣季康子會從孔門找官員人選，正因爲孔子教的就是這個，相對的，當人們要求孔子舉薦弟子時，孔子也會考慮學生的性格和學習狀況，提出自己的看法，可見孔門的教化和社會對孔門的期待是一致的。

因此我認爲孔子說的「君子不器」，重點在於作爲未來從政者的君子得是全才，方能更全面的思考和解決國家社會的問題。這個所謂的「全才」不是什麼都懂，多才多藝的意思，而是把關乎各層面的倫理道德知能爛熟於胸，未來才能因應各種挑戰及變局。

⑰ 季康子問：「仲由可使從政也與？」子曰：「由也果，於從政乎何有？」曰：「賜也，可使從政也與？」曰：「賜也達，於從政乎何有？」曰：「求也，可使從政也與？」曰：「求也藝，於從政乎何有？」（《論語・雍也》）

4.承認自己無知，才是真知？

孔子講了很多至理名言，不僅發人深省，還能改變人們的價值觀，絕對是待人處世、進德修業的心靈雞湯。可惜《論語》的記載總是隻字片語，感覺起來像是講清楚了，我們一旦再細讀幾遍，或是想在生活中實踐，就覺得似乎還缺少些什麼，更別說那些看似有理，解讀起來卻曖昧不明的句子了。

雖然歷代注家給我們提供了許多參考意見，讀了心中就沒有疑問了嗎？或許剛好相反，當我們覺得每種說法都正確時，其實已經迷失了自我，因爲心中早就沒有主見，只好隨波逐流了。

我認爲每個人都能解讀《論語》，只要能「自圓其說」，可以期待並欣賞更好的詮釋，卻不必妄自菲薄，歷代各種注解不過是自己觀點的佐證，這才是陸象山「六經注我，非我注六經」的積極健康心態。我們爲自己而讀，如果讀了半天卻讀不出自己的見解，白忙一場，更談不上思想的潤澤、生活的指導了。

孔子說：「子路啊！我教誨你的事知道嗎？知道就知道，不知道就不知道，才是眞知。」[18]子路是孔子弟子中年紀最大的，卻常常被孔子拿來當作教材，有時直接稱讚他，卻又因爲他驕傲而貶損他；有時直言他的不足之處，卻在弟子們嘲笑後又讚美他，子路的心情恐怕像洗三溫暖似的，忽冷忽熱。

不過，孔子告誡子路「知道就知道，不知道就不知道」似乎是有所依據，《論語》只有這三句話，我們卻應該嘗試在其他章節中找線索，否則只是懸空的讀，一知半解，理解的層次畢竟有限。

事實的確如此，子路是個粗線條的人，喜歡耍帥逞強，往往直率的表現出自己的好惡，沒有細究眞相，所以常常被孔子指正。譬如子路問如果衛君要請老師執政，您會先做什麼？孔子回答正名，子路竟然笑他迂腐，果然孔子馬上斥責子路粗野，而且說君子對自己不知道的事，都會有所保留的[19]。

子路聽說孔子去見衛國君夫人，她是聲名狼藉的蕩婦，子路臉上就表現出不高興的表情，急得孔子說：「我如果有什麼不對的地方，老天爺厭棄我

⑱ 子曰：「由！誨女知之乎？知之為知之，不知為不知，是知也。」（《論語．為政》）

⑲ 子路曰：「衛君待子而為政，子將奚先？」子曰：「必也正名乎！」子路曰：「有是哉，子之迂也！奚其正？」子曰：「野哉由也！君子於其所不知，蓋闕如也。名不正，則言不順；言不順，則事不成；事不成，則禮樂不興；禮樂不興，則刑罰不中；刑罰不中，則民無所措手足。故君子名之必可言也，言之必可行也。君子於其言，無所苟而已矣。」（《論語．子路》）

吧！老天爺厭棄我吧！」[20]很明顯的，這個例子充分展現了子路不明就裡，立刻下判斷，並喜怒形於色的性格，可見孔子「知道就知道，不知道就不知道」的勸戒，絕對不是無的放矢的。

但是我們想接著問的第一個問題是：「知之」和「不知」的對象（「之」）是什麼？我認爲包含「事實的眞相」和「道德的實踐」兩者。從上述兩個例子來看，子路嘲笑孔子「正名」的原因，正由於他不知道「名正」↓「言順」↓「事成」↓「禮樂興」↓「刑罰中」的關聯性，又不知虛心討教，所以遭到孔子「君子於其所不知，蓋闕如也」的告誡，子路「不知」的對象就是「事實的眞相」。

孔子見南子的事件中，子路不高興的原因是老師爲何自貶身價，但他不知道的是南子名聲雖然不好，卻毫無疑問的是衛國的君夫人，孔子如果不應南子之召，則是失禮大不敬之舉。更重要的是，即使孔子見名聲不好的南子，一切依禮制而行，光明磊落，俯仰無愧，反觀子路不知禮法進退，又懷疑自己的老師，沒有了解事實的眞相，這就是我說的「道德的實踐」。

一般的解讀都認爲，這是孔子告誡子路不要自欺欺人，求知要有忠誠之心，或者是聚焦於知識的追求過程。但是我覺得在孔子的倫理道德體系裡，

⑳ 子見南子，子路不說。夫子矢之曰：「予所否者，天厭之！天厭之！」（《論語・雍也》）

這樣的解讀似乎比較狹隘，所以不執著於「知」的行爲意義上談，而是突顯「知」的對象，以增加原文的詮釋廣度。

此外，我認爲原文「知之爲知之，不知爲不知，是知也。」中，「是知也」如何解讀，很值得推敲。許多注家解讀爲「眞知」，那麼既有「眞知」，必有「假知」，「假知」可理解爲自欺欺人的「知」，屬於道德層面的，當然可與前文呼應。另外一種「眞知」的說法，則是偏向指求知的態度，屬於認知的範疇，與道德無關，就値得我們好好省思一下了。

如果我們接受認知範疇的「眞知」說法，這個「眞知」是眞正的知道自己的程度，換言之，誠實的面對自己的所知和不知，才是提升自我的眞正起點。驕狂自大的人，不知人外有人、天外有天，永遠無法進步；博學傲物的人，不知學海無涯，如逆水行舟，就只能原地踏步。

這種「眞知」的態度在現代社會尤其重要，面對資訊爆炸，人們常出現兩種不太合理的作法：一種是以偏概全，或是拿自己的舊經驗判斷，根本不願去探求眞相。這時的「知」是「眞知」嗎？當然不是，這固然是人格特質造成的，但處理大量訊息時貪快、從簡的心理，也是凶手之一。

另一種作法就是輕信別人的建議，爲了滿足人們迅速獲取新知的需求，我們常找傳媒上的一個個「懶人包」，就像速食餐點一樣能讓我們快速充飢。然而透過「懶人包」求知算是「眞知」嗎？當然不是，姑且不論「懶人包」製作者的立場和用心，這種把別人的東西當成自己的求知方式，吸收再多，沒有進一步的思辨消化，遲早會出問題。

回到《論語》的「眞知」對話，我相信孔子的用心不會只停留在指責，而是更希望子路不要束縛自己，只有在承認有所不足的基礎上，仔細省視求知的過程和對象，才能更上一層樓，這也正是子路最需要的。

身爲一位老師，我相信「人師」比「經師」難爲，「因材施教」比「有教無類」難得多，傳授知識的行動不難，讓學生聽進去還有所發揮，或是在道德行爲上有所提升，則是難上加難。尤其現代的學制和學習的觀念下，重「術」不重「學」，教「書」不教「人」，總是令人痛心，相較之餘，孔子對學生的用心、在教育上的實質貢獻，更是讓我們敬佩不已啊！

5. 您同意冉有是「畫地自限」嗎？

冉有說：「不是不悅服老師您的教誨，實在是我的能力不足啊！」孔子說：「如果是能力不足，努力到一半就會停止。現在你根本沒開始努力，就覺得自己做不到。」[21]就這樣，冉有成爲孔門弟子中「畫地自限」的代表人物，這可不是什麼好的評語！但冉有是這樣的人嗎？我們將討論這個話題。

我們先了解一下冉有是怎麼樣的人，從《論語》的內容來看，孔子認爲他是個退縮、不積極主動的人。所以有一段對話是，子路問：「聽到就去做嗎？」孔子說：「家中有父兄在世，怎麼能聽到就去做呢？」冉有問：「聽到就去做嗎？」孔子說：「聽到就去做。」公西華問：「子路問聽到就去做

[21] 冉求曰：「非不說子之道，力不足也。子曰：力不足者，中道而廢。今女畫。」（《論語・雍也》）

嗎？您回答家中有父兄在；冉有問聽到就去做嗎？您卻回答聽到就去做，我覺得很疑惑，請告訴我這是爲什麼？」孔子回答：「冉求退縮，所以鼓勵他進取；子路膽大，所以要設法約束他。」㉒

這是個性上的問題，冉有可能凡事考慮再三，讓孔子覺得他退縮不前，成不了事，所以鼓勵他做事要積極些。但退縮難道就是怯懦，冉有眞的成不了事嗎？事實上，孔門弟子中除了子貢外，恐怕就屬冉有的成就最大，而且孔子曾多次說他多才多藝㉓，我們恐怕很難把多才多藝又有事業的人，稱之爲怯懦吧！

那麼冉有在個性上的退縮，是他「畫地自限」的原因嗎？從他的政治表現看來，或許這種退縮的個性不是怯懦，而是謹慎，從政時不是阻力，反而是助

㉒ 子路問：「聞斯行諸？」子曰：「有父兄在，如之何其聞斯行之？」冉有問：「聞斯行諸？」子曰：「聞斯行之。」公西華曰：「由也問聞斯行諸，子曰『有父兄在』；求也問聞斯行諸，子曰『聞斯行之』赤也惑，敢問。」子曰：「求也退，故進之；由也兼人，故退之。」（《論語．先進》）

㉓ 季康子問：「仲由可使從政也與？」子曰：「由也果，於從政乎何有？」曰：「賜也，可使從政也與？」曰：「賜也達，於從政乎何有？」曰：「求也，可使從政也與？」曰：「求也藝，於從政乎何有？」（《論語．雍也》），子路問成人。子曰：「若臧武仲之知，公綽之不欲，卞莊子之勇，冉求之藝，文之以禮樂，亦可以為成人矣。」曰：「今之成人者何必然？見利思義，見危授命，久要不忘平生之言，亦可以為成人矣。」（《論語．憲問》）

力。同屬孔門政事科的子路，不正是因爲個性上的激進，任氣好勇，才造成悲慘的下場嗎㉔？無怪乎，孔子早就看出子路形之於外的好強態度，未來恐遭不測，相比之下，冉有、子貢的溫和形象，反而是最適合從政的㉕。

冉有的確是個謹慎的人，事事考慮得很周到，細膩度甚至超過子貢。冉有問：「老師會留下來爲衛君效勞嗎？」子貢說：「好，我去問一下。」子貢進入孔子居室，問道：「伯夷、叔齊是怎麼樣的人？」孔子回答：「是古代的賢人。」子貢接著問：「他們怨恨嗎？」孔子答：「他們追求仁義，也得到了仁義，怎麼會怨恨呢？」子貢出來後說：「老師不會留下來幫助衛國國君的。」㉖

這次對話中冉有的確考慮很多，怕自己口才差、孔子不好回答，但冉有的政治敏感度高，知道留在衛國沒什麼未來，所以只好請口才好的子貢去問。相形之下，子貢以伯夷、叔齊的事蹟旁敲側擊，是否能得到孔子仕衛的眞實想法

㉔《衛康叔世家》載：「太子聞之，懼，下石乞、盂黶敵子路，以戈擊之，割纓。子路曰：『君子死，冠不免。』結纓而死。孔子聞衛亂，曰：『嗟乎！柴也其來乎？由也其死矣。』」

㉕閔子侍側，誾誾如也；子路，行行如也；冉有、子貢，侃侃如也。子樂。「若由也，不得其死然。」（《論語．先進》）

㉖冉有曰：「夫子為衛君乎？」子貢曰：「諾。吾將問之。」入，曰：「伯夷、叔齊何人也？」曰：「古之賢人也。」曰：「怨乎？」曰：「求仁而得仁，又何怨。」出，曰：「夫子不為也。」（《論語．雍也》）

姑且不論，但這麼一問，難道孔子不會有所察覺，只把子貢提問當作平常的師生對話嗎？恐怕很難，所以我認爲冉有的做法圓融很多。

如果冉有的個性和能力不是「畫地自限」的原因，孔子爲什麼這麼說他呢？我認爲是指道德實踐的方面。冉有太在意政治上的表現，反而在道德操守上無法顧及，這顯然是與孔門教化大相違背的。難道冉有自己不知道嗎？當然知道，只是他的功利心太強，不願讓道德的條目約束自己罷了。

季氏準備攻打顓臾，冉有、子路去見孔子說：「季氏準備攻打顓臾了。」孔子說：「求，這不是你的過錯嗎？顓臾曾做過先王的東蒙主，而且就在魯國境內，是國家的臣子，爲什麼要攻打他們？」冉有說：「是季氏自己要打的，我們兩人都不同意。」孔子說：「求啊！前人說過『在位置上要努力做好，不然就選擇離開』，危險卻不扶持，跌倒也不攙扶，還需要你們這些臣子做什麼？而且你說錯了，龜玉在匣子裡毀壞，虎兕從籠子裡跑出來，是誰的過錯呢？」

冉有說：「現在的顓臾，城牆堅固又接近費城，現在如果不奪取，將來必成後患。」孔子說：「求，君子最討厭那些不說自己想要，還找一大堆藉口的人。我聽說國家不怕寡少，而怕不平均；不怕貧窮，而怕不安定。因爲平均就沒有貧窮，和諧就不怕寡少，安定就沒有危險。就這樣，如果遠方的人不服，就修飾文德招徠他們，如果願意來就讓他們安居樂業。你們兩人輔佐季氏，遠方的人不服無法招徠，國家離亂無法保全。我怕季氏眞正的隱患不是顓

臾，而是出自於自己的內部啊！」㉗

「君子最討厭那些不說自己想要，還找一大堆藉口的人」，孔子一下子道出冉有的心態。但話說回來，如果不知道孔門的理想，冉有何必找藉口？作爲季氏家臣，身不由己，還能遵從孔子的教誨嗎？沒錯，的確可以像孔子說的離職就好，但這對想建功立業的冉有來說，怎麼甘心放手？所以我相信冉有不是「畫地自限」的人，他只是在做選擇，而且選擇了建立事功，道德上的「畫地自限」就不是他在乎的事了。

這其實是很矛盾的事，道德操守和政務推動有時難以兼顧。如果自命清高，凡事不想沾鍋，不僅做不好任何一件事，還惹來更多的怨言；如果願意淌混水，正因爲政治是眾人的事，您的道德高尚，難道別人就得配合您？歷史上

㉗ 季氏將伐顓臾。冉有、季路見於孔子曰：「季氏將有事於顓臾。」孔子曰：「求！無乃爾是過與？夫顓臾，昔者先王以為東蒙主，且在邦域之中矣，是社稷之臣也。何以伐為？」冉有曰：「夫子欲之，吾二臣者皆不欲也。」孔子曰：「求！周任有言曰：『陳力就列，不能者止。』危而不持，顛而不扶，則將焉用彼相矣？且爾言過矣。虎兕出於柙，龜玉毀於櫝中，是誰之過與？」冉有曰：「今夫顓臾，固而近於費。今不取，後世必為子孫憂。」孔子曰：「求！君子疾夫舍曰欲之，而必為之辭。丘也聞有國有家者，不患寡而患不均，不患貧而患不安。蓋均無貧，和無寡，安無傾。夫如是，故遠人不服，則修文德以來之。既來之，則安之。今由與求也，相夫子，遠人不服而不能來也；邦分崩離析而不能守也。而謀動干戈於邦內。吾恐季孫之憂，不在顓臾，而在蕭牆之內也。」（《論語・季氏》）

「風行草偃」的紀錄少得可憐，「爾虞我詐」卻是不分長幼貴賤的共識，孔子周遊列國十四年，一事無成，或許就是放不下身段，太執著於道德的烏托邦吧！

平心而論，我認為冉有一點都不「畫地自限」，即使孔子看來他就是，但冉有是了解倫理道德之後，在政務上走出自己的一片天，即使在孔子的眼中這片天不是那麼地晴朗，至少他走出來了。反觀孔子，我認為他一直沒走出來，在政務上他老人家卻是真的「畫地自限」了，就算在道德上占據制高點，而且不斷精益求精，卻與現實世界漸行漸遠，他這方面和弟子們如子路、子貢、冉有相比，真的是有所不足啊！

6. 學後不斷複習，就很高興？

「學而時習之，不亦悅乎？」是《論語》開頭的第一、二句話㉘，應該很重要，說眞的，我看到時很納悶，「學後不斷複習，就很高興」？但那時是高中的「中國文化基本教材」課，老師和書中的解釋都是這樣的。可能年紀小，不敢反抗權威，也或許要學的東西多，其他科目更重要些，所以就不敢再多追究了。

我當時納悶的原因很簡單，與生活經驗不符嘛！在一切爲考試的高中學習期間，學習之後當然要不斷複習，才能應付接二連三的考試，但如果問我複習時高不高興？答案絕對是否定的。如果你硬要問：複習後考得好不高興嗎？有一點吧！但這是複習的成效，可不是《論語》講的複習本身帶來的高興吧？

㉘ 子曰：「學而時習之，不亦說乎？有朋自遠方來，不亦樂乎？人不知而不慍，不亦君子乎？」（《論語．學而》）

長大了之後，如果把學習到的東西拿來複習，通常是爲了某些工作或任務的需要，爲需要而複習，其實談不上高不高興。若是爲了娛樂，把以往學過的東西重新品味一下，卻絕對不再是學習的心態，高興是高興了，卻不能說因爲是複習，需知複習也是學習的一種型態，爲了娛樂的目的實在談不上是學習。

當上老師之後，我更強調的是學習本身的快樂，而且對我的學生強調，如果因爲沒學過而抱怨困難，非得熟悉的內容才想學，那不叫學習，而是複習了，對個人成長非常有限。我更進一步告訴學生，愈是沒學過，愈是困難的學問，一旦被你掌握、熟練，未來你就無可取代了。學生有沒有聽進去我不知道，但我的重點還是在學習。

因此我一直認爲學習是重要的，複習只是學習的一種附加手段，它不可能越俎代庖。即使複習可以作爲表演，獲得片刻掌聲，卻絕不能取代學習後有所成就的深層喜悅，故而難以認同複習竟會帶來喜悅。

莫非孔子說錯了，只是像個兩腳書櫥一樣，反覆賣弄肚子裡的舊貨而自豪？

後來聽說有人把「學而時習之」的「習」解釋爲習作、實踐，整個來說就是「學得的東西要時時拿來實踐，才會高興。」這種說法似乎比較讓人信服，但愛找碴的我又想問：這裡的「學」是指哪種學習？「習」如果解釋爲實踐，是實踐什麼？哪種實踐的方式呢？「悅」如果還是解釋爲高興，爲什麼學習之後有所實踐就會高興呢？高興什麼呢？

這時，我們先把自己的生活經驗放一邊，還是要回到《論語》的內容裡，才能了解孔子的眞正意思是什麼，我的疑問才能得到解答。

從《論語》的內容來看，孔子心目中的「學」涵蓋「知性」、「理性」和「感性」三個部分，本書將列專門主題分析。簡單的說，便是：「知性」的有禮樂制度、經典內涵和文史知識；「理性」的則以「知性」的內容爲基礎，建構一套倫理道德的價值觀和行爲準則；「感性」的還是以「知性」的內容爲基礎，形成某種藝術生活品味和人生境界追求。

如果我們接受「學而時習之」的「習」是應用和實踐，我們就該去求證孔子的「學」的確有應用和實踐的必要，而且得常常這麼做，只要做了，就能得到某種深層的喜悅。但在此之前，我們或許該區分一下「悅」和「樂」有何不同。

我認爲「悅」和「樂」不是一回事，「樂」更傾向於當下情緒的高昂激動，比如多年不見的好友相聚，熱情相擁、促膝談心是「樂」，把酒言歡、引吭高歌是「樂」。相對地，「悅」就不一樣了，那是一種心理深層的自在滿足，通常與某種信念或信仰得到實現有關，我們或許看不到外在的言笑晏晏，或慷慨粗豪的行爲，卻是一種深層的自我實現狀態。因此，「學而時習之」是「悅」，「有朋自遠方而來」是「樂」，不會有任何混淆。

孔子曾說過：「讀了很多詩篇後，讓他處理政事，無法完成任務；出使四方的諸侯國，不能應對外交事務。就算讀得再多，又有什麼用呢？」[29]春秋時期，《詩經》中有許多施政的啟發和內涵，各諸侯國的外交詞令和應對，都習慣引用《詩經》的內容。因此弟子學習《詩經》絕不只是知道詩篇名目，或是熟背詩篇內容就算了，而是要將學習詩篇的成果應用出來，不管是在朝堂議政，或是外交場合的折衝樽俎，都是如此。

倫理道德知能的「理性學習」又何嘗不是如此呢？知道怎麼做，講得也頭頭是道，生活上沒有實踐，沒有自省也不願改正，這樣的學習只是空中樓閣。所以孔子說：「合理的勸戒，能不聽從嗎？真正改正了才可貴；恭維的讚美，能不高興嗎？詳細辨析真偽才可貴。高興卻不辨析，聽從卻不改正，我對這種人也不知道該怎麼辦。」[30]高興卻不辨析，容易被迷惑；聽從卻不改正，自己永遠難以進步，無論「辨析」或「改正」，都得在日常生活中不斷實踐才行。

「感性學習」表現在音樂的學習和品味，以及對生命境界的追求。孔子

---

[29] 子曰：「誦詩三百，授之以政，不達；使於四方，不能專對；雖多，亦奚以為？」（《論語．子路》）

[30] 子曰：「法語之言，能無從乎？改之為貴。巽與之言，能無說乎？繹之為貴。說而不繹，從而不改，吾末如之何也已矣。」（《論語．子罕》）

對音樂有很高的造詣[31]，對生命境界則有「吾與點也」的追求[32]，這部分的內容我們將另設主題討論之。但無論如何，這些都得在日常生活中加以實踐才行，因此，「學後不斷複習，就很高興」應該也包括「感性學習」。

有些注釋著重在「時」字下功夫，譬如有人說「時」是「適時」，有人說「時」是代表三種不同的學習「時機」[33]……。這些說法都解釋得通，但我認爲關鍵應該是「習」指的是什麼？爲何會有「悅」的反應吧？沒把這兩個字搞清楚，就算知道「時」是什麼意思，我們還是對「學而時習之，不亦悅乎？」這兩句話一頭霧水，不是嗎？

自從宋代開始把《論語》當作經典，由於其篇幅短小，而且多是對話體，讀起來較容易掌握，再加上某些歷史名人的推波助瀾下，《論語》已經變成每個中國人都視爲必讀的國學聖典，其中的名言佳句，更是許多人立身行事的準則。然而經典未必是毫無瑕疵的，我們懷著尊敬的心意無妨，切不可認爲

㉛ 子語魯大師樂。曰：「樂其可知也：始作，翕如也；從之，純如也，皦如也，繹如也，以成。」（《論語‧八佾》）

㉜ ……「點！爾何如？」鼓瑟希，鏗爾，舍瑟而作。對曰：「異乎三子者之撰。」子曰：「何傷乎？亦各言其志也。」曰：「莫春者，春服既成。冠者五六人，童子六七人，浴乎沂，風乎舞雩，詠而歸。」夫子喟然嘆曰：「吾與點也！」（《論語‧先進》）

㉝ 錢穆先生在《論語新解》一書中提到時習有三種說法，一是指年歲言，二是指季節言，三是指晨夕言。（民七七，臺北：東大圖書公司。）

它就一定是完美無憾的，讀了本書，或許您能認同這個看法。

如果《論語》有瑕疵，作為讀者的我們該怎麼辦呢？很簡單，字斟句酌，抱著思辨深究的態度和行動，參照書中相關的敘述，反覆對比分析，便可找出書中的不盡完美之處。在撰寫本書之前，我就是這樣閱讀《論語》的，本書的目的不是想拆《論語》的臺，反而是以「愛之深，責之切」的心態，幫助讀者從不完美處更貼合孔子的初衷，以及儒家不刊的偉績。

7. 興趣和樂道到底哪個重要？

孔子曾說：「知道它不如喜歡它，喜歡它不如把它變成快樂的事。」[34]先不管「它」（原文是「之」）是什麼，「知道」和「喜歡」是兩回事無疑，但我一直很納悶的是「喜歡」和「快樂」有什麼區別？硬要說有的話，或許先「喜歡」了某事，然後去做，「快樂」就跟著來了，所以可以說是「因果關係」吧？

但是這種理解顯然不對，從原文的脈絡來看，「知道」、「喜歡」和「快樂」應該是三個層級，「知道」層次最低，再上一層是「喜歡」，最高一層是「快樂」。從另一個角度來說，「喜歡」是在「知道」的基礎上更進一步，「快樂」則是在「喜歡」的基礎更上一層樓。

要處理「喜歡」和「快樂」之間差異的困境，我們就得在「快樂」這個

[34] 子曰：「知之者不如好之者，好之者不如樂之者。」（《論語・雍也》）

詞下手，因爲「喜歡」的概念相對單純，只是個人的喜好傾向而已。但「快樂」的意義就比較複雜，尤其是在《論語》的脈絡之中，總是得和倫理道德扯上關係的。

有次葉公問子路孔子是怎樣的人，子路沒有回答，孔子說：「你怎麼不告訴他，我的老師發憤學習就忘了吃飯，樂在其中就忘了憂愁，不知道自己快要變老了之類的話。」㉟這裡面我注意到了「發憤學習就忘了吃飯」（「發憤忘食」），應該屬於「喜歡」（「好之」）的具體表現。

那麼「樂在其中就忘了憂愁，不知自己快要變老了」的「樂」是什麼意思呢？顯然不是做「喜歡」的事之後的情緒表現，因爲能「忘了憂愁」，還「不知道自己快要變老了」，這個「快樂」顯然更深邃些。

此處，我更願意把「快樂」當作是一種對「信念」的堅持，是經過客觀的理性沉澱後，產生的心安理得狀態，相較於「喜歡」只是主觀感性的偏好，「快樂」顯然更爲深沉、豐富有道德方向。這麼一來，「快樂」（「樂之」）就能與孔門道德教化連繫，不只是一種心理的狀態。

因此，「知之」關心的是掌握了什麼和多少知識；「好之」則是在意喜歡些什麼和因而付出多少努力；「樂之」便是自省從中得到什麼和如何拿它來

㉟ 葉公問孔子於子路，子路不對。子曰：「女奚不曰，其為人也，發憤忘食，樂以忘憂，不知老之將至云爾。」（《論語・述而》）

待人處世。三者的關係是：沒有「知之」就沒有「好之」的對象，「好之」是以「知之」爲基礎更進一步；「樂之」不脫離「知之」另起爐灶，但光是「好之」，無法撐起「樂之」的內涵和堅持，「好之」要另外有一套進階的功夫。

這種「樂」，似乎在外在條件艱困時更顯可貴，所以孔子說：「吃粗糧，喝涼水，彎著胳膊當枕頭睡覺，快樂就在其中了。喪失仁義所得的榮華富貴，對我而言像浮雲一樣瞬間即逝。」㊱連吃飯睡覺都如此拮据，還有什麼「快樂」的心情可言？讀過這段話後，如果我們還把《論語》的「快樂」只當作是心理的狀態，就太不可思議了，一旦把「快樂」的對象放在飲食享受之外，這時候的「快樂」就不是一種情緒，而是滿足於某種信念時的心理狀態了。這麼一來，孔子爲什麼對窮得叮噹響的顏回如此讚嘆，就眞相大白了，重點不在窮，而在於貧窮時能夠「樂」於求道、行道，非常可貴。

從學習上看，孔子的「知之」→「好之」→「樂之」的進階關係別有深意。現代的教育觀常常強調學習的興趣，認爲只要學生有興趣，學習就能輕易成功；只要有興趣，學生必能主動學習、堅持學習。但事實是這樣嗎？學習的興趣能一直維持嗎？熱度不減嗎？學習的興趣可不可能有所轉變？學生對有興趣的事物固然願意嘗試，但願意持續深入探索，直到有所收穫嗎？那可不一

㊱子曰：「飯疏食飲水，曲肱而枕之，樂亦在其中矣。不義而富且貴，於我如浮雲。」（《論語・述而》）

定。

現代的課堂總是希望老師賣命演出，或是利用各種傳媒吸引學生目光，或是利用許多學習活動爭取學生融入。這些努力，無非都希望學生因而對學習內容有興趣，但學生產生興趣之後，就能學得好嗎？恐怕未必。

我看到更多的是學生忘了學習的責任，被動等待老師餵養知識；學生被燦爛繽紛的聲光刺激所吸引，模糊了學習重點；學生玩得不亦樂乎，學習活動的效果一百，學習的成效則是慘不忍睹。簡言之，高昂興趣讓學生更願意學習，卻不代表學得更好，而且一大堆弊端隨之而來。

相對而言，我們如果可以在學習興趣上加點東西，或許就完全不一樣了，那種積極健康的學習態度，可以稱之爲「樂學」。特別需要強調的是，「樂學」不應該被理解爲「快樂地學習」，而是像上面講的一樣，每當學習的時候，能否讓學生產生某種使命感，完成學習後就有實現信仰的滿足感。這可不是快樂的情緒，而是內心深沉的自我實現，便是我所謂以「興趣」爲基礎的「態度」，有這種積極健康的「態度」（「樂道」），才可能做到「樂學」。

這時老師所做的一切、教學媒材的刺激，或是學習活動的設計才能發揮效用，「樂學」的態度既保障學習的成效，也激發學生自學的意願，久而久之，就算沒有課堂的任何刺激，學生也能自發的學習，許多因刺激興趣而產生的弊端，自然迎刃而解了。

從道德的修養層面看來，更是如此。我認爲心中有信仰的人是幸福的，但「知之」不可能獲得信仰，「好之」難以保障信仰的實踐，惟有「樂之」，心中的信仰才能堅如磐石，而且時時落實於人倫日用之間。原因無他，正因爲「樂學」的態度讓我們堅持實踐信念，並從中得到無可取代的滿足感，又因爲滿足感而繼續「樂學」的態度，良性循環下，信仰變成了我們身心的一部分，不肯稍離，所以「態度」和「興趣」哪一個重要？不論求知或修養，我認爲前者是無可取代的。

然而落在倫理道德的範疇上談，「樂之」可不能停留在信念或信仰被滿足而已，它更具有省思和實踐的意義，否則不可能眞正的「樂道」。我們要強調的是，所謂的反思和實踐，決不是抄抄經文、口誦原罪了事，更不是拜了多少廟、禮過多少佛的法喜充滿，而是將道德實踐於生活之中，修養自己、推己及人，做出一番經世濟民的大事業，這是我們要特別注意的。

Note

國家圖書館出版品預行編目資料

換個方式讀《論語》——經典閱讀、思辨從這裡開始／馬行誼著. -- 初版. -- 臺北市：五南, 2020.09
面；　公分
ISBN 978-957-763-916-5（平裝）

1.論語　2.研究考訂

121.227　　109002637

1XKF 通識系列

換個方式讀《論語》——
經典閱讀、思辨從這裡開始

作　　者— 馬行誼
發 行 人— 楊榮川
總 經 理— 楊士清
總 編 輯— 楊秀麗
副總編輯— 黃惠娟
責任編輯— 高雅婷
校　　對— 周雪伶
封面設計— 姚孝慈
出 版 者— 五南圖書出版股份有限公司
地　　址：106台北市大安區和平東路二段339號4樓
電　　話：(02)2705-5066　　傳　　真：(02)2706-6100
網　　址：http://www.wunan.com.tw
電子郵件：wunan@wunan.com.tw
劃撥帳號：01068953
戶　　名：五南圖書出版股份有限公司

法律顧問　林勝安律師事務所　林勝安律師

出版日期　2020年9月初版一刷
定　　價　新臺幣320元